注重审美的体验式班会

主　编　曹春梅　吴　峰　沈巧妮

副主编　罗京宁　李　岩　徐华峰

编　委　全　晖　贾国珍　刘航宇　方明武
　　　　吴德俊　仇姗姗　路　珺　王雨萱
　　　　管文昕　李晓容　张云峰　李景新
　　　　徐世伟　徐旭娜　王　伟　程志伟

中国海洋大学出版社

·青岛·

图书在版编目(CIP)数据

注重审美的体验式班会 / 曹春梅，吴峰，沈巧妮主编. -- 青岛：中国海洋大学出版社，2025.1. -- ISBN 978-7-5670-4053-3

Ⅰ. G635.5

中国国家版本馆 CIP 数据核字第 20248KT252 号

出版发行	中国海洋大学出版社			
社　　址	青岛市香港东路 23 号		邮政编码	266071
出 版 人	刘文菁			
网　　址	http://pub.ouc.edu.cn			
电子信箱	cbsebs@ouc.edu.cn			
订购电话	0532-82032573(传真)			
责任编辑	孙宇菲		电　　话	0532-85902349
印　　制	青岛国彩印刷股份有限公司			
版　　次	2025 年 1 月第 1 版			
印　　次	2025 年 1 月第 1 次印刷			
成品尺寸	170 mm×240 mm			
印　　张	16			
字　　数	280 千			
印　　数	1～1000			
定　　价	78.00 元			

发现印装质量问题,请致电 0532-58700166,由印刷厂负责调换。

一事精致，不忘初心

　　曹春梅老师是山东省首届齐鲁名班主任建设工程人选。从 2007 年担任山东省青岛第十七中学（以下简称青岛十七中）班主任以来，工作中她一直着眼于对学生的自我激励、生发成长的思考与研究。2016 年到 2019 年，曹春梅老师担任青岛市名班主任工作室主持人，带领团队系统研发了班会课校本精品课程，并于 2019 年出版《体验式创新班会》（中国海洋大学出版社出版）一书，获评青岛市精品校本课程奖。为解决《体验式创新班会》偏重高三年级、没能提供整个高中学段班会课示例的问题，同时为了给教育同行提供系统性、体系化的班会课范例，2022 年曹春梅老师在校长吴峰、副校长沈巧妮的支持下获评山东省优秀班主任工作室主持人。她带领团队成员"咬定青山不放松"，持续研发高一、高二年级的体验式班会新课程，经过 6 年努力，呈现出来该书。

　　班会是学校集体活动中最主要的组织活动之一，是班主任对班级进行有效指导、管理和教育的重要途径和形式。班会既可以是按照教育方针和学校教育理念对固定年级学生进行的普及性教育活动，如热爱祖国、文明礼貌、遵纪守法、环境保护，也可以是专门为解决个别班级存在突出现实问题而举行的活动，如减轻考前焦虑、竞争合作、爱护公物、关爱动物。如何通过班会活动，更好地对学生进行教育和引导，这是每一位教育工作者必须认真思考并深入实践的内容。曹春梅老师带领团队不懈努力，将该书呈献给读者，就是期待能够给同行以更多的激励和启发，能够有更多的班主任老师基于自己的思考和实践创新班会课的内容体系与组织形式，让一代代高中生在班级中健康成长、成就自我。

　　国务院办公厅 2019 年 6 月印发《国务院办公厅关于新时代推进普通高中育人方式改革的指导意见》，提出加强对学生心理、学习、生活等方面的指导，帮助学生正确认识自我，更好地适应高中学习生活，这一政策文件坚定了曹春梅老师团队出版《注重审美的体验式班会》的信心。美国学习专家爱德加·戴尔的"学习金字塔"理论,用实证方式验证不同学习方法两周以后的学习保持率表明:"做中学"或"实际演练"两周后学习保持率可以达到75％,这一实证研究结果为该书提供了科学的学理支撑。青岛十七中在吴峰校长的带领下,用"以美育人,求真求善"的校园文化形成"尚美、厚德、励学、敦行"的学习氛围,作为文化基础为"注重审美的体验式班会"实践提供了健康生态环境和实施条件。实践证明:班主任改变班会课的组织方式,变教师说教为引领学生体验,能促使学生生成学习感悟,增强学生的学习内驱力。

《注重审美的体验式班会》中所呈现的、经过实践应用的体验式班会,加入了大量心理拓展活动,学生非常喜欢并乐于参与。每次班会课上都是掌声不断、笑声不断,课堂活泼有趣且教育意义深远。在趣味性的师生互动中,学生的压力被无声消解,积极的心理体验悄悄降临。学生边做边学,边学边说,寓教于乐,渐渐地成长、成熟。在多主体全身心的投入下,学生的逻辑思维、语言表达、动手能力得到锻炼,综合素质明显增强。曹春梅老师所带的高三年级学生参加山东省高校组织的综合素质招生面试,47 人中有 13 人被提前批录取。学生进入大学后,可持续性发展的后劲令人瞩目,这一切得益于体验式班会的潜移默化和长期影响。

体验式班会在某种程度上是用美向教育做最深情凝望的实施途径,也是青岛十七中德育成果长久以来形成的"拳头产品"。一事精致,不忘初心,愿以吴峰校长、沈巧妮副校长、曹春梅老师为代表的青岛十七中教师团队能够深入落实立德树人根本任务,专注于学生的健康成长,深入持久地开展教育教学改革,凝练出更多具有引领作用的智慧成果;也希望更多的班主任能够加入德育研究的行列中,牢记为党育人、为国育才的初心使命,画好立德树人同心圆,协力培养担当民族复兴大任的时代新人。

王福建
山东省教育科学研究院研究员

目 录

第一模块 建班育人

第二模块 习惯养成

第三模块 理想信念

第四模块　增强学习力

第五模块　活动呈现

第六模块　情感凝聚

第一模块
建班育人

开学第一课，新学期新希望

一、班会背景

学校教育层面：新学期，学校会注重学生的个体发展和综合素质培养，提供心理健康支持、学业辅导、学习资源等以帮助学生取得更好的学习成绩。

高中学生层面：新高一的第一次班会课，学生们很好奇，也很期待。开学伊始，用班会课进行集体教育，建构班级文化是 985 班师生的共同心愿。

二、班会目标

认知目标：学生从过往的高光时刻中感悟成功的经验，温故而知新。

情感目标：新学期，学生通过同伴分享获得集体荣誉感，增强班级凝聚力。

美育目标：师生一起感受新学期新气象之美、班级团结之美。

三、班会准备

教师制作军训视频集锦。每个小组准备一张大白纸和若干粗芯记号笔。

四、班会流程

环节一：军训回顾，播放军训视频集锦

（设计思路：师生一起回顾军训，学生重温自己在军训中的表现，产生集体荣誉感,尽早进入班会情境。)

环节二:回忆过往高光时刻并在群组、班级分享

请在组内分享一个过往的高光时刻画面。回忆一下自己曾做过哪些努力让这份过往如此难忘?(小组长汇总到大白纸上)

敬芸组: 阿娣获得军训优秀学员奖,她踢正步废寝忘食,夜以继日,锲而不舍。可昕乒乓球比赛逆风翻盘,她永不言弃,奋起直追。健斌化学自招、阿铭物理自招名列前茅,他们艰苦奋斗,发挥天赋。领唱的敬芸获得"青岛百灵鸟"的雅号,她积极参与,勇于争取。洪嘉为钢琴表演刻苦训练,她厚积薄发,苦尽甘来。

阳阳组: 阳阳被评为团员,她团结同学,奉献班级。贤堃坚持跑 1500 米,运动会比赛获全校第三名,他坚持不懈,勇于面对。阿凡通过努力中考取得好成绩,他努力拼搏,实现心愿。捷捷为全班重装电脑系统,获得"优秀班干部"称号,他做自己热爱的事,乐此不疲。锦程绘制地图获得一等奖,这源于她坚持训练。铭杰在 1000 米比赛中获全校第三名,他锻炼身体,持之以恒。

阿灿组: 辰辰 6 岁开始学习大提琴,11 岁获得大提琴十级证书,考前经历了5 个月的艰苦练习。阿奕军训大合唱担任伴舞,牺牲休息时间,练习了一个星期,在演出时大展风采。

阿泽组: 有的组员第一次钢琴十级考试未合格,经过不懈努力,第二次通过十级。有的组员初一时的学科总成绩是年级第八,初三奋斗到年级第一。还有的组员初中第一学期期末年级 80 名,咬住牙不放弃,第二学期进步到级部前 20 名。所以,我们要多参加活动,简单的事情重复做,提高熟练程度。认真仔细多思考,提供有价值的建议,树立目标,不断努力。

君君组: 睿君初中"一模"进步 185 名。宇飞初三"二模"英语考到年级第一。煜丞初一网课时进步较大,获"进步之星",中考比"二模"进步 60 分。思涵初三"二模"进步极大。舜豪自己修好过一台微机室的电脑,网课结束后,初一、初三的成绩均有明显上升,初三"一模"进入年级前 40 名,"数独比赛"青岛市第五名,后进入北京参加决赛。我们小组的经验是学习和做事情都要坚持下去,学习要尽全力达成目标,做事情要坚持并全方位发展。

梓旭组:子若拉小提琴,君爱跳舞都获得过比赛冠军,她们都自强不息,刻苦训练,有时候还放弃了午休时间加练。荣睿中考政治成绩优秀,配合老师,每天积极背诵。阿磊初二期末物理满分,自此一鼓作气,发奋学习。阿谊初二入团,好好学习,团结同学。子菡中考时英语口语满分,每天坚持晨读,反复练习口语不间断。梓源初三运动会成绩好到被校长颁奖,她做事能坚持到底,并相信自己可以不轻易松懈。

(设计思路:让学生回忆自己的高光时刻,一方面可以让学生从过去的荣誉中重新获得自信,为新学期注入新的能量;另一方面,学生借助概括过往,由感性进入理性,提炼成功背后的原因,挖掘根源,这些活动内容有助于个体在新学期将优良的学习品质、人生素养传递下去,也有助于学生之间增加了解,增进友谊。)

环节三:再接再厉,拓展延伸

学生分享听后感,在卡片上书写:我是一个……的人,我曾经……我还可以在新的学校取得更大的进步,比如……

阳阳:我是一个热爱运动的人,不轻易服输,我曾经在班级里当体育委员,并带领全班同学在运动会中取得团体总分第一名的好成绩。我还可以在新的学校取得更大的进步,比如带领同学们积极运动,在学校的体质检测中取得好成绩。

程锦:我是个喜欢数学的人,我曾经在全年级的数学比赛中取得第一名。我还可以在新的学校取得更大的进步,比如总分冲进年级前30名。

教师反思:这节课因为学生第一次接触体验式班会课,所以对座位的安排、教师的提问都感到新鲜,加上场地更换,学生在课堂的准备环节花费了很多时间,导致课堂密度不够大。所幸小组分享环节比较饱满,学生注意力集中,课堂生成丰富而全面,这是本节课的亮点。需要注意的是环节二,有几个小组的注意力被高光时刻吸引过去,就忽略了题目中要求的“自己曾做过哪些努力”,所以在这个环节中教师可以有意识地提醒一下学生。

后记:因为最后一个环节课堂时间有限,所以,课下敬芸同学写了一篇详细备至的美文,表达心曲,也给这节班会课画上一个完美的句号。

挽旧弓兮射天狼

敬芸

升入高中后的第一次月考,我以班级第八名、年级115名的成绩开启了新的篇章。本次考试的九个科目,语文好事多磨,数学有意外之喜,化学、地理意难平,但总归是需要踏实勤勉才能拥抱佳绩。

初中时,由于只算三科的分数,学校对其他科目不重视,再加上我自身也比较懈怠,从来都是只学主科,考前也用大量时间复习主科,导致别的科目没有时间去关注,步入考场前略看看,便罢了。而在高中,并无主副之分,九科都要学,都要算分、排名,这确实让我压力陡增,每晚的挑灯夜战,只为月考收取关山。

印象最深的是考理科前夕,父亲看着苦读到深夜的我,叹口气道:"你要定个自己能实现的目标。十七中的同学都很优秀,现在没分科,考到班里前三十就行了……"

是耶? 非耶? 都很优秀,我不可以成为其中的佼佼者吗?

我不是一个聪明的学生,尤其是在理科方面。犹记得初三物理学习根据电路图绘制实物图,别的同学一学就会,说这"有手就行",我却跟听天书一般,已不是"似懂非懂",而是全然不懂。发下小卷来,几乎一个题都不会写,眼睁睁看着时间一分一秒流逝,听着同学们"沙沙"的答题声,我却一笔未动,手心冒汗,心里干着急,只能偷偷瞟着同桌的答案……好不容易会写一点儿了,学到实物图转电路图,又无从下手了。这还是初中电学最简单最基础的部分,到了后期电学综合考试,直接不及格,在倒数几名晃晃悠悠。虽然物理不计入总成绩,但无论如何,我得顺利毕业呀! 于是我连续三个星期,熬夜复习物理,成绩终于上到了70多分,可是数学成绩又掉下来了。

我一直都清楚自己在理科方面没天赋,或者可以说,我在理科方面挺笨的。

但是笨人也有笨人的方法呀! 初中三年我整理了十本厚厚的错题本。我错得多,但我能慢慢改过来。中考前几个月,每晚固定一个小时学习数学。甚至考数学当天我让父亲把车停在考场旁边的加油站内,然后掏出笔记、错题本,复习到开考前15分钟。

初中大考,我数学上过115分;全市统考,我数学114分;平日数学测验,我考过100分,也有几次名列前茅;市南区的题最难,我也曾居于上流;中考数学,我也取得了108分。我的事迹,曾被传播到别的班,同学们视我为"励志人物"。

成绩背后,是三年的夙兴夜寐;是做了一张又一张的模拟题;是在颠簸的公交车上拿出的错题本;是考前面对热爱的古诗词,我却只能把它们放在一边……

我,是无天赋,但是我很执着。曾有同学自恃聪明,课下不爱学习,讥笑我的呆板与愚笨;然而,勤能补拙是良训,我不与他一般见识,也从未在成绩上低于对方。

或许我终其一生,都不能赶上那些天资聪颖的同学,不能在理科方面游刃有余、思维敏捷;但是,我相信凭借自己对学习的热爱与执着,不断缩小与他们之间的差距,终有一日,我也能"一日看尽长安花"。

天苍苍,路茫茫,少年有梦在远方;学海深,前路长,身似山河挺脊梁。收我白骨兮瀚海旁,挽我旧弓兮射天狼!

从组名到班名,从组徽到班徽

一、班会背景

学校教育层面:新学期,学校制订新的发展计划,明确未来一段时间的教育目标、发展方向,以及如何提高教育质量和学生成绩。班级文化建设被学校提上议事日程。

高中学生层面:这是本学期第二次班会,上节课学生回顾、分享了过往的高光时刻画面,并总结了曾做过哪些努力让这份过往如此难忘。这节课,鉴于学生刚开学彼此还不太熟悉,班级文化需要尽快建立并加以完善,所以教师组织学生们以小组为单位,先进行组内建设,进而汇总形成班级文化。

二、班会目标

认知目标:小组自主建构组名、口号、组规、组徽,形成属于本组的显性文化。

情感目标:学生融合组内感情,表达小组文化,进而形成班级文化。

美育目标:学生体验合作之美、形体之美、文化之美。

三、班会准备

每个小组提前讨论组名、口号、组规,将之形成文字,并用肢体动作搭建组徽。

四、班会流程

环节一:温故而知新

小组分享过往的高光时刻,并总结曾做过哪些努力让这份过往如此难忘。

(设计意图:班级文化不是一个点,而是一条线。温习上一节课小组内每个人分享的高光时刻及其努力,对于这节课凝聚小组成员思想感情,汇集组名、口号、组规、组徽等具有铺垫作用。)

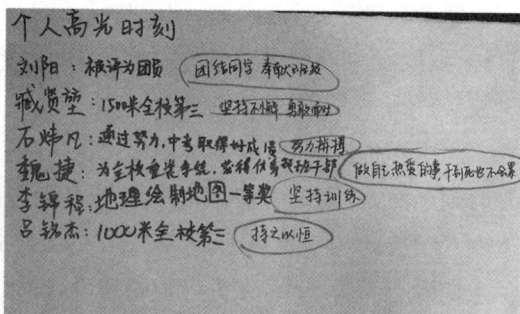

环节二:明确班级目标,诠释 985 中 9 的含义

展示班级目标树,并由个人目标汇总成班级目标。

班级目标:五育并举,全面发展,考入理想的大学。

9 条长期目标:

培养健康强壮之体魄,

陶冶言行一致之美德,

激发舍身为国之精神，
鼓励服务团体之主张，
训练谦恭温和之体貌，
养成灵敏精明之头脑，
训练增加生产之技能，
培养节俭耐苦之习惯，
增进活泼愉悦之态度。

近期目标：(1)期中考试努力取得好成绩。

(2)培养良好的生活习惯和学习习惯。

(设计思路：这个环节的班级目标班主任可以自己制定，可是这样就不能与学生取得共鸣，所以本节课运用民主集中制，"取之于民，用之于民"，集合师生的智慧建立目标。)

环节三：小组分享组名、口号、组规和组徽

组名

九个小组分别为：超越组、墨竹四组、深藏 blue 组、钉真组、白狼组、腾飞六组、∞8 组、北斗七星组、星火九组。

白狼组：组长姓白，本组同学要发扬电视剧《亮剑》中李云龙的狼性精神，齐心协力，团结一致，共同进步。

钉真组：做人要像雷锋一样有钉钉子的精神，学习上要求真。

⋯⋯

口号

超越组：干霄凌云，云程发轫。

墨竹四组：勤学善问肯下苦功，墨竹四组力刺苍穹。

深藏 blue 组：深藏不露，请你记住，我们第一，大奖拿住！

钉真组：逸一时误一世。

白狼组：低调低调，白狼驾到。不要掌声，只要尖叫。

腾飞六组：六组不凡，虎踞龙盘，会当亮剑，直斩楼兰。

∞8组：以∞的精力，投入高中的学习中。

北斗七星组：努力拼搏，锐意进取，携手奋进，共创佳绩。

星火九组：星火九组，燎原方足！

组规

超越组：

（1）认真对待课堂，遵守纪律，尊重老师，尊重同学，不嘲笑他人。

（2）刻苦学习，努力实现自己的目标。

（3）和平相处，有问题组内积极沟通解决，不内讧。

（4）组员互相帮助，在力所能及的情况下取长补短，共同进步。

（5）讲诚信，使用文明用语，提升素质。

（6）积极为小组、班级作贡献，为学校争光。

（7）踊跃动脑，独立完成作业。

（8）如果违反课堂纪律，需总结课堂重点一份。

墨竹四组、腾飞六组：

（1）尊师爱友，文明用语，不得背后议论老师或同学，在教室内外保持好纪律，不大喊大闹，不打架，不起哄，即使出校门也要保持好十七中学生的优秀形象。

（2）遵守学校的作息时间，听从老师安排，每天按时到校，不无故迟到、旷课等。有特殊情况提前向班主任汇报。

（3）统一穿着校服，不化妆、不染发，不佩戴首饰。

（4）课堂上认真听讲，不做与学习无关的事情。上课期间一律不得出校门或者回寝室，体育课不得无故回班。

（5）不带手机等电子产品进入学校，有特殊需求上报班主任。

（6）无特殊情况，上课期间，不得喝水、喝饮料。

（7）爱护学校公物，节约用电，节约资源，珍惜他人的劳动成果，乐于帮助他人，做新时代的好少年。

（8）积极上交作业，为本组成员树立优秀榜样。

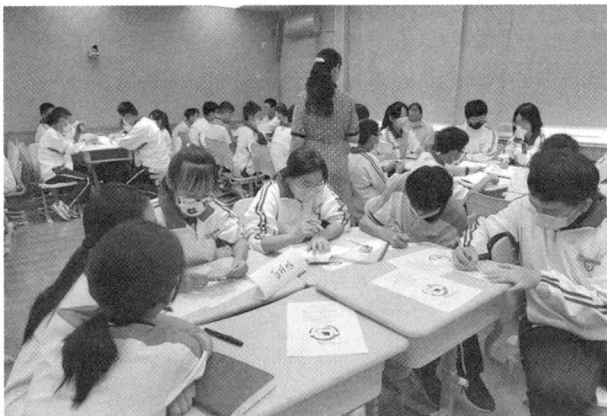

深藏 blue 组：

(1)不允许骂人、说脏话,小组成员互相监督。

(2)课堂上不允许讲话,小组讨论除外。

(3)自习课保持绝对安静,专注学习,提高效率。

(4)杜绝丢三落四、粗心大意现象,有需要上交的材料组内成员提前一天互相提醒。

(5)各成员互相帮助学习,讲题解答,检查背诵。

(6)课后可互相借阅笔记,做好补充和批注。

钉真组：

严谨、自律、节俭、谦卑、感恩。

白狼组：

(1)文明用语。

(2)不在他人学习时随意打扰。

(3)讲信用。

(4)人人平等,不搞特殊对待。

(5)组内互相帮助。

(6)矛盾当天解决。

(7)组内事情,全组成员共同决定,不私自决定。

∞8 组：

(1)乐观向上,对学习充满热情。

(2)待人热心诚恳,注重礼节。

(3)关心集体荣誉,遵守校规校纪。

(4)上课、自习要保证纪律,自习课如需讨论问题要放低音量,不要打扰其他同学。

(5)作业需及时上交。

北斗七星组:

(1)上课不迟到,提前两分钟准备好课本。

(2)按时上交作业,认真书写作业。

(3)认真值日。

(4)积极回答问题,认真记笔记。

(5)自习课不准下位,不窜组,不吵闹。

(6)尊重老师。

(7)不说脏话。

(8)上课不吃东西,不做小动作,不睡觉,不接话。

(9)作业不抄袭。

(10)眼操、课间操认真做。

(11)礼让他人。

星火九组:

课上不食稼,堂上不与人言,不行扰他人修学之为。凡有所问,先举手请师。未命自行研讨之时,皆缄默。课下言语不有侮人者。平日不有歧视人之心也,行轻而缓,言音轻。提前归室以备学。热心佐人,尊同窗,敬师长。积极向善向美向更高处,不悲观。

组徽

教师要求:各小组展示自己的组徽,要求每个成员都要参加,用肢体语言表达。

超越组:

这个组徽象征我们的组员都能像六芒星一样追逐光明,追逐希望;同时希望我们能够成为"六边形战士",五育并举,全面发展。

星火组：

这是一个"天"字，意味着"天人合一"，小组内成员通力合作，团结一心。

深藏 blue 组：

面对学习，乃至未来生活中遇到的困难，要怀有迎难而上的决心和勇气，"长风破浪会有时，直挂云帆济沧海"。

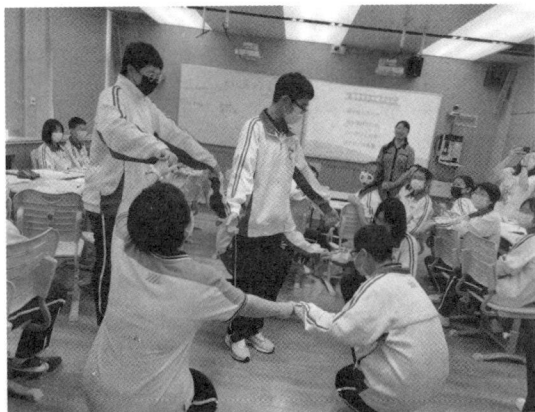

钉真组：

我们应有凌驾于星空之上，俯瞰整个宇宙的视野；学习上应该发奋图强，超越自我，达到前所未有的高度，看不一样的美景。

白狼组：

爱心表示白狼组互帮互助，团结一致；四位女生用手指组成的五角星象征着五组组名。

腾飞六组：

中间的花朵，代表着我们六组同学都是祖国的花朵、未来的希望。爱心将花朵包围，寓意着祖国哺育着我们青年学生，作为祖国明天的花朵，我们一定会在爱心的包围下茁壮成长。后排的三个男生代表着祖国雄厚的物质和经济基础，他们是我们花朵的强大后盾，支撑着我们努力生长。作为21世纪的新青年，我们也要如祖国的花朵一样茁壮成长，努力学习，长大后反哺祖国，为祖国作出自己的贡献。

∞8组：

四位女生组成了"∞"的数字符号，最前面的两位同学敬礼，表示乐观向上，对学习充满热情，待人热心诚恳，注重礼节。

北斗七星组：

信仰如星辰般亘古不变，像北斗七星一样照亮自己，发出属于自己的光芒，照亮前行的道路，更要照亮他人，为他人指引方向。

墨竹四组：

大爱心包含若干小爱心，表现了"墨竹四组"对个体与大集体关系的理解。

（设计思路：这是本节课的高潮所在，也是小组凝聚力和班级凝聚力的体现。通过小组徽章的设计，小组成员可以增加集体荣誉感、提高审美意识，并推动认知和情感的发展。）

环节四：班级在小组基础上确定班名、班训、班级口号和班徽

班名：985班

班训：对自己负责，做一个幸福的人。

班级口号：985班，猛虎下山，超越自我，不怕困难。

9代表9条发展目标（见上文）。

8代表8条班级公约：

(1)早晨7点5分进班，课前第一遍铃坐好，不迟到。

(2)自习课不下位，不说话，不抬头。

(3)上课不开小差，发言要大声，声音让每位同学都能听到。

（4）以持之以恒的刻苦精神认真学习，遇到困难不轻易放弃。

（5）见到老师要问好，尊师爱友，积极参加集体活动，主动为集体作贡献。

（6）文明用语，不说脏话，不爆粗口。

（7）勤俭节约，共同维持班级清洁的环境。

（8）待人温和，诚实守信，善良公正，不背后嚼舌根。

5代表5班，5育并举，全面发展。

班徽

班徽设计说明：

班徽设计采用"伍"作为主体。

图中的"梅花枝"替代"亻"，代表着2022级5班班主任曹春梅老师带领着5班这个幸福的大家庭；建筑物寓意着5班同学都能考上自己理想的大学，与班名985班相呼应；铅笔"头顶蓝天，脚下是大学"，寓意着5班同学努力奋斗，开创出自己的蓝天白云，书写自己的青春；海浪寓意着5班师生不论遇到什么困难，都勇往直前，同进同退。设计者是子若同学。

（设计思路：班级公约如果是班主任自己设定的，学生接受起来就有一定的难度，需要时间来消化。可是班级公约如果是从组规中提炼出来的，它的接受度、受众面会大大增加，学生会感到自己受到尊重，被需要，是班级的主人，进而自我思考、自我教育。）

教师反思：这节班会课，表面上看起来是确定班名、班训、班级口号和班徽这些制度性的显性文化，实际上，它融合了班级师生的情感，汇聚了学生的智慧和创造力，展示了学生的身体语言，增进了审美表达，建设了班级隐性文化。本节课采用归纳法，逻辑严密。课堂高潮迭出，学生掌声不断，笑声不断，班级凝聚力大大增加，确实体现了以教师为主导、学生为主体的课堂育人理念。

听课老师反馈 1：听了曹老师的班会课，激起了当班主任的热情。曹老师太有创意了，小组制定组规、同学肢体摆组徽……同学们积极参与，气氛很好。同学们在起组名、订口号、思组规的时候，一定做了很多心理建设，这比老师传达班规、校规效果要好得多，有实效！

听课老师反馈 2：这是一堂别开生面、精彩纷呈、激情四射的主题班会课，学生们在热情、阳光、自信、快乐中深刻感受到班级浓浓的亲和力、凝聚力和昂扬向上的进取力。衷心为用大爱点亮生命的曹老师点赞，为十七中幸福的孩子们点赞！

学生睿君感悟：班会活动中，小组内互相探讨组规，拉近同学们之间的感情，融通了思想，小组用手势和动作来摆出各自的组徽更能体现出小组成员之间的团结，以及能否在活动中团结一心汇聚出更强大的力量。这样的班会我认为非常有趣味、有意义，同时对学习也有深远的影响。

学生子涵感悟：通过此次班会，各小组展示口号、组徽等，我感受到我们小组和其他小组目标明确，有团结精神，我也有了信心和精神动力。

学生炜钦感悟：这次班会十分精彩，同学们都展现了自己的小组口号、组徽等，我也体会到了同学们饱满的热情。这次班会使我更加开放、开朗，感受到了十七中大家庭的温暖。我希望在十七中的三年里，能更加快乐、健康地成长。

故事与愿景，新班级之初建

一、班会背景

学校教育层面：2019年国务院印发的《国务院办公厅关于新时代推进普通高中育人方式改革的指导意见》指出，要坚持把立德树人融入思想道德教育、文化知识教育、社会实践教育各环节，帮助学生养成良好个人品德和社会公德。要结合实际制定德育工作实施方案，积极开展主题教育、仪式教育、实践教育等活动。

高中学生层面：班级开学前两个周，班主任病假，学生们团结一心、自力更生，自主开展了很多工作。班干部联系家委会创办了黑板报、手抄报，迎接学校第一次"文明教室"的评比。在这个过程中，班级里发生了一些感人的故事，成为本节班会课的背景。

二、班会目标

认知目标：引导学生分享开学两周以来，围绕班级黑板报的制作发生的故事，感受同学们已经产生的班级精神。

情感目标：新班级建设初期融合师生、生生之间的情感，营建大集体和谐友爱的气氛。

美育目标：引导学生积极参加心理拓展活动，激励学生主动表达美好的班级愿景并形成班级文件。

三、班会准备

教师准备卡纸、彩笔、A4彩纸、胶棒、剪刀。学生们按照小组围坐。

四、班会流程

环节一：围绕问题，分享近两周发生的班级故事

教师提问：开学前两周班主任不在，班级里发生了哪些令人印象深刻的故事？

（1）故事里有哪些令自己印象深刻的细节？

（2）从这些故事中你看到了怎样的自己或老师、同学？

（3）你认为故事对班级或者同学的发展有什么意义？

（4）故事里能看得出你（或者是这位同学）在意什么？看重什么？

钎馨：初秋的校园，微风轻拂，如诗如画。新学期的钟声响起，带着一份新的开始和期待，我与新同学一起迎来了一次难忘的经历：共同设计开学第一次的班级黑板报。

一块空白的板面静静等待着我们为它注入生命，我们站在这片准备书写的领域前，仿佛是一支即将上台的乐队，期待在这块黑板上奏响属于我们班级的旋律。

负责板报的班干部围坐在一起，开始了头脑风暴。每个人都带来了自己的创意和构思，我们交流、互动，像是在编织一张丰富多彩的文化画卷。各种想法在空中碰撞，产生出无限的火花。

制作的过程成为一段美妙的旅程。我们分工合作：有人负责文字，有人负责图片，有人负责排版。每一张图片、每一个字都代表着用心和热情。我们一边讨论，一边细致地在黑板上布置，仿佛是在为班级的梦想加上一道绚丽的色彩。

在制作的过程中，我们不仅学会了如何合作，更懂得了倾听和尊重。每一个建议都是珍贵的贡献，每一次讨论都是心灵的碰撞。我们迎难而上，坚定了前行的信念。

黑板报最终完成了，当我们看到同学们的微笑和欣赏时，内心充满了骄傲和喜悦，这是对努力的最美回报。这不仅是我们合作的成果，还是班级凝聚力的体现,更重要的是我们因这次板报设计,紧密地联结在一起,这次经历也成为美好的回忆。我深刻体会到了团结的力量。我坚信未来的路上,我们会继续携手同行,在用心创作的道路上,书写更多属于我们自己班级的精彩篇章。

玺彤:在得知曹老师生病后我们非常担心,心想应该为曹老师分担一些工作,所以开学初板报由宣传委员紫彤、文艺委员钤馨、班长君秀和我,共四名同学一起完成。

我们讨论了许多方案,准备了很多东西,有时会准备到晚上十一二点。黑板上的手抄报、明信片、小作文、打印的字和照片以及各种其他装饰排版全由我们自己完成。中间也有过束手无措,也有想过敷衍了事,但一想到这代表着班级,不能放弃,我们就坚持认真完成。

在新同学没有见过班主任,且没有其他老师帮助的情况下,我们很积极地完成这次任务,并没有抱怨,这体现了班级的团结。

(设计意图:从叙事班会分享故事入手,学生们详细了解了同伴是如何赤手空拳为班级创办起黑板报的。这个故事可以作为班级的第一份美好记忆保留下来,成为一份班级的重要文件。)

环节二：围绕问题，见证班级故事

（1）同学分享的故事里让你印象最深刻的一个细节是什么？

（2）围绕这个细节你想到了什么故事场景？

（3）他（她）的故事让你联想到了自己的什么故事？

（4）你由此受到的启发是什么？

宇航：我印象深刻的一个细节是，板报制作过程中宣传组的同学们虽然有人想放弃，但是最后坚持了下来。这让我想到了在我自己的学习里，有一些政治、历史、语文的知识，会让人感到困难，需要下功夫，但是我觉得坚持一下，背过了就很有成就感。因此做任何事情都需要坚持，不放弃，这样才有可能获得成功。

舒雅：这个故事里我印象最深刻的是班级新建立，同学们都非常团结。记得玺彤妈妈到班级看晚自习的时候，和我聊过一小会儿。她说，当玺彤把板报照片给她看的时候，她很激动。板报做得丰富多彩，超出想象。同学们几天的熬夜策划和付出结出了丰硕的果实。开学接到第一个任务——办黑板报——这对从没有策划过的玺彤来说是一个新的挑战。玺彤晚上回家出方案、设计字体。她认真做一件事的样子真的很"帅气"。有一天晚上，玺彤给妈妈安排了照片打印的任务。楼下自助打印照片机也不知道什么原因，24 张照片打印出了 20 张，还有一半重复，玺彤妈妈想，就这样吧，凑够数量就行。晚上 9 点，玺彤看到照片眉头紧皱，一副很不满意的样子，她默默回到房间重新整理了一下，9 点 30 分出门找打印店。这一刻，玺彤的认真严谨让当妈妈的很羞愧。后来我和玺彤聊起这件事情，她说这跟同学们的一起努力密不可分。这让我觉得 11 班是一个责任感强、团结友爱的大家庭，我能成为这个家庭中的一员很幸福。我也在新的班级中帮助同学们制定了新的值日表，并自告奋勇担任卫生委员，让我的妈妈日日在家长群提醒值日生家长早送孩子，我也将向玺彤同学学习，朝着规划的目标慢慢前进。

教师总结：同学们的见证让老师发现大家都有发现美、热爱美的眼睛，有见贤思齐的心，所以同学们才在班主任病假的这段日子里相互扶助，群策群力，渡过难关。

（设计意图：此环节是学生间的互相见证，也是思维发展的第一个小高潮。教师让学生重新审视故事，在战胜困难的过程中发现"闪光事件"，并结合自己的新认知形成"支线故事"，为自己赋能。学生的体会其实是很丰富的，比如舒雅的见证环节就蕴含了"家校社协同共育"的实践。班主任在这个环节不要给学生过多限制，要珍视学生生成时产生的宝贵思维火花。）

环节三：重温假期里心目中的班级愿景关键词

教师总结：班级团结是同学们特别在意的事情，也是期初问卷调研中高频出现的词语。

（设计意图：此环节旨在促进班级情感，让学生们了解每个人内心最真实的声音，为后面的心理拓展活动做准备。）

环节四：请以小组为单位把自己心目中的班级要素画在卡纸上，然后全班分享

阿叶组：我们组的图片中有三大要素：①土豆，可以被做成各种菜品，代表着我们的人生也有无限可能。②"钻石爱心"，它代表每个人都有透明和善良的心，能互相帮助。③连在一起的手掌，这表现大家团结一致：心往一处想，劲往一处使，共同建设班集体。

丰泽组：我们小组选取了班级内几个有关学习的细节，画在卡纸上。首先是钟表，钟表不仅是计时的工具，更无时无刻不提醒我们珍惜时间。满分的试卷同样也被我们选入其中，作为新时代的青年，报效祖国的信念引领着我们在学习中不断追求卓越。在我们组的海报中还有一个特殊的符号——一个圆中套着一个三角形。三角形在几何中是最稳固的图形，这也象征着我们同学团结一致的精神。圆形则代表了班级内民主的风气——尊重每位同学的个性。

相懿组：大家好，因为我们组全是女生，所以我们想宣传的是女性力量。在这个组里面，我们希望通过勇敢、坚强、团结的精神，将小组建得越来越好，进而使这个班级越来越好。我们设计图里的核心元素有礼貌、友爱、加油、团结、奋斗。

宇航组：我是第三组的组长,在这里介绍一下我们组制作的组报图画。首先是左上角的一轮骄阳和一朵白云,旁边写着"阳光"表明小组成员们性格阳光开朗。左半部分包含象征"知识"和"学习"的书籍、手牵手的同学、"竞争"的追逐的同学、正手拿教鞭指着黑板上单词"teacher"的老师,这体现了我们组的追求:热爱学习、团结奋进、尊师重教。右半部分是象征着"有活力"的一把火、"闪亮"的一颗小星星、代表"有规划"的封面是"plan"的书本以及一旁写着"有方向"的箭头,这表现了小组成员们向未来征途即将交出的答卷:活力四射,闪亮登场,有规划、有方向。角落中的校徽与爱心,是小组成员热爱学校的表现。

琦源组：刚分班的时候,班主任说"聚是一团火,散是满天星",所以我们组觉得每个人都是小星星。我们画了一个钟表,希望大家有时间观念。钟表下面有一个十七中的标志,就是希望大家热爱学

校。再下面是 11 班,我们要遵守班规与班训。

沁远组：我们组的名字叫快乐"拜哥","拜哥"是我们组的一位成员,他给大家带来很多欢乐,他对待生活的态度是积极向上的。我们希望班级要友善、快乐。

(设计意图:此环节是班会的第二个高潮,学生将自己心目中对未来班级最看重的要素画出来,表达愿景,并在小组内、班级中分享,然后汇总起来,张贴于后墙黑板上,形成班级文件,为整个班级赋能。这是学生们在班会课的现场生成,也是叙事-体验心理班会的德育沉淀。)

作业：请给自己的小组起一个动听的名字,拟三条组规和一个小组口号,用肢体动作构建一个小组徽章。

（设计意图：叙事-体验心理班会课不是一节课，而是一个系列化的班会课程。在构建了共同的心理愿景后，班级建设的下一步就是攀登文化建设的高地。）

教师反思：本节班会课总的设计沿着叙事-体验心理班会课的分享故事、见证故事、心理拓展几个环节进行。没有暖场，是因为考虑绘图环节时间紧张，所以直接进入主题。学生的课堂生成很丰富，抓住"闪光时刻"，在解决困难问题的故事中形成支线故事，将班级面临的因班主任病假而导致的群龙无首的故事改写成了群策群力的同学互助故事。见证环节其实暗含了家长参与班级管理的故事，所以这节课蕴含家校社的协同共育实践。最后共同描绘班级愿景从逻辑上是对支线故事的丰富与壮大，同时生成班级文件进行德育巩固。可以说班会过程是叙事-体验式心育，但是落脚点回归到班级德育的团结友爱、共同进步发展上。这是一节将叙事与体验紧密结合的德育心育课。

齐鲁名班主任徐旭娜点评：德育的基础是人对人的理解。班主任在学校开展德育，要把德育融入学生的生活和学习中，改变以往的说教、灌输方式，开展丰富多彩、喜闻乐见的新德育方式。曹老师的学生在班主任缺席的情况下，自主将一块空白的板面用五彩缤纷的贴画、形状各异的剪纸、各有千秋的书法作品为黑板报注入了鲜活的血液，将班级自主发展、团结友爱的精神演绎得淋漓尽致。

本节班会课我们见证了学生用美的眼睛去发现身边的美好，见证了学生用美的双手去创造向上的班级，见证了学生用美的心灵去体会隐藏的感动，所以这也是一次育德于美、美中育人的人生体验课。

吾爱八班——我们共同的"家"

一、班会背景

学校教育层面:良好的班级文化有助于提供积极的学习和发展环境。学生在积极、和谐的班级文化氛围中学习,更容易获得认同感、安全感和归属感,从而更好地参与学校教育和各项活动。

高中学生层面:高二因为选课,学生重新组班。高二新班级与新生刚入校时的新班级有很大的不同。一是高一班级凝聚的师生情、同学情尚在,部分高二学生对新班级持观望态度,新班级需要一次班会把人心聚拢起来。二是新班级里,学生彼此不太认识,需要集体教育的班会课让同学们迅速熟悉起来。三是阿华同学到新班级报到晚了,临来的前一天晚上,发现班级有学生在网上传闲话表达不欢迎之意,这让他很不开心。班主任需要借班会课,凝聚人心并表明欢迎新同学的态度,借此消除日后学生不团结的隐患。

二、班会目标

认知目标:学生识记理想班级中最受欢迎的人的特征。

情感目标:通过小组交流,亲身画图体验,理解个体与集体的关系。

美育目标:引导学生建立友谊,热爱班集体,争做班级中积极的一分子。

三、班会准备

学生分成 7 个小组,每组备有大白纸和水彩笔。

四、班会流程

环节一:概括心目中的理想班集体

请用一个词概括心目中的理想班级是什么,然后小组汇总。

(设计意图:此环节培养学生的表达能力、交流能力和合作能力。学生写完以后,有一些词是重复的。小组长们自然而然地在重复的词旁边画"正"字儿,"团结"和"和谐"是得分最高的,其他词如"友善""温柔""好学""安静""凝聚力"

也都有被提出来。)

环节二:图文表达个人与集体的关系

学生小组讨论,个人与集体之间是什么关系呢? 请画一幅图来表达出这种关系。

宇航组:我们组认为班级是金字塔形的。最上面是班主任,然后是班干部,最下面是同学。

玺睿组:这是一个表情包"嚎"。我们小组把"嚎"变成了学习的"学",下面附了一句话——让我们一起学起来。表情包的左上方,有一枚月亮散发着温柔的光芒,这就是我们小组理解的个人与集体的关系。

教师点评:这个月亮散发着温柔的光芒,我想是不是代表同学们对班主任有所期待。我希望我的出现,能让你们觉得好像心头洒上了一片温柔的月光。

国臣组:这幅图借鉴了地质图。我们小组认为每个学生都是一棵植物,生长在水分和土壤里面。水分和土壤为植物提供养料。同样,植物也使水分和土壤变得非常牢固。

云昊组:我们认为集体是一个大泡泡,同学们是里面的小泡泡。这些小泡泡大小不一,颜色不同,代表着同学们不同的个性。

(设计意图:此环节培养学生的发散性思维,绘图不要求精细化,学生不是美术专业学生,图画点到即止,让大家能看懂就可以。)

环节三:总结人际交往三要素

新的班级成立了,最受欢迎的同学身上会有哪些要素呢?

文轩:性格随和,乐观,爱帮助人。

俊兴:热爱运动,性格阳光,容易相处。

老师心目中的"吉祥三宝":

第一,对人非常真诚。因为人心都是非常敏感的,哪怕有一点点不真诚,对方也能马上体会到。

第二,给人留面子。学会为别人留面子是一种成熟的心理语言行为。什么是成熟的心理语言行为? 比如说尊重他人隐私,照顾别人的感受。反之则是比较幼稚的语言行为。

第三,不传闲话。

分享案例

樗落是一个内向的男生,很少主动与人去交流,一个人孤零零的。同学牧田主动走近他,于是两个人很快成了亲密的朋友。他们谈学习,谈生活,也分享心中的一些小秘密,生活快快乐乐。

朋友的支持与陪伴总能让青春期躁动不安的樗落舒心很多。随着感情的升温,有一天,他对牧田说出了埋在心底许久的秘密:喜欢班里的小美,甜甜的,学习好……

第二天早晨,当樗落踏进教室的时候,发现同学们眼光怪怪的。有些人小声议论着,说笑着,有同学还故意大声喊小美的名字。樗落尴尬极了,脸红到脖子根,随之而来的是愤怒!

"牧田,是你吗? 为什么? 我是那么信任你! 你怎么可以……朋友是这样的吗? 我以后还能对人说心里话吗?"

讨论:你怎么看待牧田的行为? 他泄露朋友的秘密,你觉得可能有哪几种原因,请分享自己的观点。

大钢:不为朋友保密,一定会极大地伤害朋友的感情和尊严,辜负了他对你的信任,降低了自己的人格。而且一旦爱传闲话的名声传出去以后,就可能失去更多本来可以成为朋友的人。

教师补充:当别人在争论樗落是否陷入情感的漩涡,而只有你一个人知道实情的时候……

当对樗落有意见的同学想找"把柄"攻击他,而来向你"套话"的时候……

当某位同学跟你透露他人的小秘密,要求你也拿出一点"情报"做交换的时候……

一个好的朋友是一个忠诚的人,会替朋友保密的人。而要交到这样的朋友,自己也要做一个够朋友的人——真诚、可靠,为自己的嘴巴"站好岗,放好哨"。

教师:在刚才的案例中,为什么樗落的秘密私下与牧田分享是一种快乐,而一旦泄露,在全班张扬开去时就是一种羞辱?

学生:两个人之间分享是隐私,拿到大庭广众中说就是暴露隐私,所以快乐变成了羞辱。

(设计意图:让学生从正面和反面两个角度认识到如何维护同学间的友谊。)

环节四:消除人际交往隐患,欢迎新同学

今天来了一位新同学,请阿钧和阿豪代表班级为新同学致欢迎辞。

欢迎辞:阿华同学你好,很荣幸能与你在最美好的年华在"物历"八班相遇。我代表全体同学对你致以热烈的欢迎。相信我们会在接下来的两年时光里融洽相处,携手并进。相信有了你的加入,八班会更热闹,更美好。

阿华回应:谢谢大家,相信在新的班级里我和大家一定能够和谐相处,共同进步。

(设计意图:阿华同学来新班级以前,被某些闲言碎语弄得不开心。这个环节,班主任和两位同学代表班级明确表达了欢迎的态度,也间接对传闲话的学生进行了批评,同时引导其正确进行人际交往。)

环节五:班长赠言

(1)人生没有不散的筵席,总是在融入集体与告别集体中度过。

(2)吾爱八班,愉快相处,留下美好。

(3)一个人走得很快,一群人才能走得很远。

(4)没有完美的个人,只有完美的团队。——郎平

(设计意图:此环节依然是围绕着班级凝聚力建设。)

环节六:围绕着"家"拍一张全班的集体照

(设计意图:这个字有两层意思。第一层是"家"的图案是新班级的学生自己设计的,里面有 W 和 L 两个字母,象征着新班级是"物理与历史组合"班。第二层是"家"的图案的成稿受到了刚刚高中毕业的美术班学长王雨萱的帮助,这代表着学校文化与同学情谊的传递。)

教师反思:这节课的部分思路受到了南京德育名师罗京宁先生和青岛十七中徐华峰老师的启发,班会教育效果非常好。同学们相处愉快,阿华同学受到了大家的欢迎,后来没有

被闲言碎语干扰过心绪。在小组讨论环节,多数小组还是按照教学设计,按部就班地分享与表达,达成了本节课的教育目标。个别学生平生第一次上体验式班会课,过于兴奋,在大白纸上乱写乱画,可见体验式创新班会课应该长久地开设下去,培养学生多动口、多动手、多动脑的习惯,进而增强班级的凝聚力。

齐鲁名班主任程志伟点评:这节班会课主题鲜明,目的明确,开展得非常成功,有利于班级凝聚力的形成,帮助学生获得认同感、安全感和归属感,为班级后续教育教学和各项活动的顺利开展打下基础,现从注重审美和注重体验两个角度进行评析。

(1)注重审美。在主题班会中渗透美育既是时代和学校的要求,也是师生发展的需要。班会以培养品德高尚、心理健康、追真求善的人才为根本目的,而美育具有养德、怡情、促善等功能,美育对班会的促进作用不容小觑。本次班会活动的主题贴近组建新班级后凝聚力不足的实际情况,每个环节设计合理、逻辑性强。通过"你心目中理想的班级"引导学生形成对美好班级的正确而又完整的认识;通过手绘"个人与集体的关系"、寻找"最受欢迎的同学",引导学生运用发散思维反思美好班级如何养成,反思提升自身素养,同时手绘活动也可以培养学生创新思维,在欣赏同学们的创意作品中提升审美能力和水平;通过反例教育,引导学生反思对人品"美"的定位,增强诚信意识,树立正确的义利观,锤炼品德修养;通过"为新同学致欢迎辞""赠言",班主任以此为契机增强班级凝聚力和向心力。本节课环环相扣,引导学生树立正确的审美观,从而培养和提高鉴赏美的能力,使美育在教育领域中真正发挥作用。

(2)注重体验。这次主题班会活动的流程设计合理,每个环节充分发挥学生的主体地位和首创精神,让学生有足够的时间去探讨和反思,使得学生能够自主交流、思维碰撞,既让学生在活动和亲身体验中找到"美好班级"的标准,又引导学生反思如何成为受欢迎的人、如何处理好同学之间的关系、如何处理个人与班级的关系,进而激发学生为美好班级贡献力量的激情和动力,真正让社会主义核心价值观内化于心、外化于行,在具体实践中增强班级凝聚力,进行良好班风建设。

良好沟通助力家长初高中衔接

授课人:徐华峰,山东省青岛第十七中学数学教师、班主任,教育硕士,三级心理咨询师,家庭教育指导师。

一、班会背景

学校教育层面:家庭教育是学校教育的基础和重要补充。在教育理念、教育方法方面班主任与家长交流沟通,有利于形成家校教育合力。

高中学生层面:进入高中,学生如何快速适应高中学习生活? 家长可以如何助力? 高中学生与同伴关系密切,家长如何与孩子有效沟通? 这些知识问题和心理问题都是急家长之所急,想家长之所想的真问题。

二、班会目标

认知目标:家长了解高中学习特点、学习方法,帮助孩子尽快适应高中学习。

情感目标:通过情景剧表演、调查问卷数据展示、微视频等形式,学生与家长产生情感共鸣,促进家长进行育儿反思。

美育目标:家长结合自己的育儿体验与思考,自主总结出愉快、有效的亲子沟通方法。

三、班会准备

设置学生、家长调查问卷,教师提前进行问卷调查,分析调查结果;指导学生根据调查结果设计表演情景剧;邀请优秀毕业生录制视频;下载上课所用视频素材。

四、班会流程

环节一:暖场小游戏,引入新课

1.暖场小游戏:请用你的两根食指比个"人"字给我看

这个游戏中,家长一般会把"我"理解成自己,给自己看的是"人"字,而给老师看的是"人"字,缺乏换位思考意识。

(设计意图:让家长切身认识到,人大多数时候都是从自己的角度出发看待问题的。家长站在不同的角度,会看到截然不同的图形,借此体会换位思考的必要性。)

这是什么?
动态展示:顺时针旋转90度

2. 展示高中生精神层面的培养目标

确立合理人生目标,塑造健全人格心理,建构和谐人际关系,辨析复杂社会现象,有技巧地应对压力,掌握科学理论方法。

本节课我们重点研究:建构和谐人际关系。

3. 汇总家长困惑,引出本节课研究主题

调查发现,家长困惑的问题,主要集中在以下两点。

(1)学习问题:孩子小学、初中学习成绩挺好,到了高中竟然不及格,怎样才能把成绩提上去?

(2)沟通问题:以前从学校回来,学校里发生的事情孩子会主动说,现在一回家就关在屋里,也不知道在学校表现怎么样。脾气见长,说不上几句话就恼了。

(设计思路:了解家长困惑,确定上课主题。)

环节二:助力家长帮助学生高中学习

1. 介绍初中、高中学习差异

教师举例说明,高中知识的广度、深度、综合性等与初中不可同日而语。学习内容的变化需要调整学习方法。

2. 如何帮助学生适应高中学习生活?

(1)家长、孩子摆正心态,做好心理调整。

成绩变化是正常现象,由"关注学习结果"转移到"关注学习过程"。

(2)关注榜样的示范、引领作用,尤其是同龄人的影响。

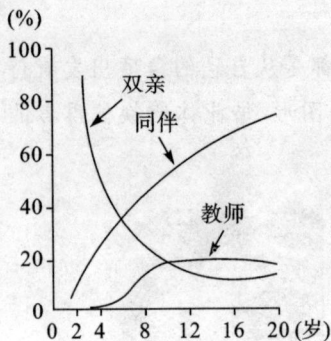

左图展示的是从婴儿期到青年期人际交往发展变化的趋势。这幅图告诉我们:儿童与父母的交往发展变化随年龄的增长而呈下降趋势;儿童与同伴的交往发展变化随年龄的增长而呈增长趋势。

（设计意图:班主任介绍心理学知识,让家长了解儿童人际交往的变化趋势,意识到高中时期同伴的影响力。）

(3)2018届优秀毕业生王浩男分享学习方法。

大家好,我叫王浩男,2018年毕业于青岛十七中,现就读于中国海洋大学。我先向大家汇报一下我的高中学习。我入学成绩在级部252名,在卓越班好像是倒数第五。经过三年的奋斗拼搏,我在高考时,成绩全班第一名,进步比较大。

我分享一下我认为比较有效的学习方法。

首先是错题的收集,我每个周末都会拿出时间整理错题,并随着自己的进步慢慢简化。错题本是高中学习宝贵经验的总结,在高三复习的时候非常有用。

第二,认真完成各科老师布置的作业,尤其是一些重要的科目。好好使用课间,把课上的问题弄明白。复习完知识点再写作业会大大提升学习效率。

最后是和同学讨论问题。我经常在晚自习的课间和同学讨论一些有难度的作业题,不管是听别人讲还是给别人讲,对自己的帮助都很大,当班级形成一种讨论的氛围后,大家的成绩会一起进步。

祝愿学弟学妹们三年后金榜题名!

（设计意图:家长感受榜样的力量,了解高中优秀学习方法。）

3. 学习是如何发生的?

分享脑科学:学习与情绪的关系。

我们的大脑由三部分组成:自主神经脑(最中间圆心位置)、情绪脑(中间圆环位置)、认知脑(最外层)。

只有愉快的情绪运作时,认知脑才工作。当有不良情绪、愤怒情绪时,认知脑不工作。不愉快的情绪会影响人的认知和学习。

互动问题 1:怎样才能让孩子们高效率地学习呢?

家长回答:让孩子拥有并且保持愉快情绪。

（设计意图:从脑科学的角度认识到情绪对认知的重要影响。）

环节三:探讨良好沟通途径

1. 良好沟通、陪伴,正向引导

优秀教育案例:电影《银河补习班》(视频链接)

爸爸正在写一份诉状。

儿子问:"爸爸,你是在工作吗? 我可以不睡觉吗?"

爸爸玩笑着说:"你可以上天。自己的事儿,以后甭问我。"

(其实家长怎么说固然重要,但更重要的是让孩子看家长怎么做。)

那之后,我和爸爸开始了新的人生,爸爸替大头叔叔设计了很多张图纸,而我发现一旦用心倾听,黑板上那些貌似干巴巴的知识,都那么新鲜有趣。

每天黄昏,我们都在田野里像疯子一样地奔跑。爸爸说,真正的学习要从兴趣开始。我的身高每个月都在增长,同时增长的还有别的东西。我的成绩稍有增长,爸爸就摸着我头说:"儿子,你太棒了!"每次妈妈忧心忡忡地写信问起我学业的情况。爸爸总说,放心吧,儿子上的是东沛市最好的补习班——银河补习班。

……

爸爸:"天才啊,考得好! 考得太好了! 稍一努力,就勇夺全班倒数第五名。你这样学下去,不得成精啊!"

儿子:"爸爸,你是在夸我吗? 你真在夸我吗?"

爸爸:"我早就说过,你的智商仅次于我。"

儿子:"那能给我买个电脑吗? 586,带声卡的。"

爸爸:"我怎么有一种中计了的感觉?"爸爸做鬼脸。

有一天我们父子俩笑着,趁着天黑悄悄地回自己的小屋。哪知刚进门,啪的一声,妈妈一个耳光甩在爸爸脸上,原来妈妈早等在屋里了。

妈妈:"你不过分吗? 要不是闫主任给我打电话,我都不知道,你干吗呢? 马浩文我告诉你,马飞不是你的实验品,他本来就笨,你非得把你脑子里的那些东西弄给他,你弄给他干吗呢?"

爸爸:"他一点也不笨,我希望他学的不只是知识,还有思想,还有方法。"

互动问题2:你觉得这位爸爸哪些地方做得好? 你对这个视频的哪些话印象比较深刻?

家长1交流:爸爸正在写一个申诉状,自己本身的情绪应该是很差的,儿子此时和他聊天,他还是那么幽默,他没有把自己的坏情绪带到跟孩子的交流当中。常常给孩子测身高,陪着孩子放风筝、跑步,让孩子感受到浓浓的爱……

家长2交流：印象深刻的台词是："天才啊，考得好！考得太好了！稍一努力，就勇夺全班倒数第五名。""他一点也不笨，我希望他学的不只是知识，还有思想，还有方法。"

2.不利沟通，引以为戒

情景剧表演：《沟通那点事》（视频链接）

女儿从书桌前坐起来，伸伸懒腰，说："学习了一天了，真累。"一眼瞥见沙发上的手机，咦？手机？玩会儿手机。

正在这时爸爸妈妈下班回来了。爸爸坐进沙发，顺手掏出口袋里的手机看起来。妈妈边放包边打招呼："宝贝，我们回来啦。"

女儿："爸爸妈妈回来啦。"

妈妈："你怎么在玩手机呢？作业写完了吗？"

女儿："还没有，就玩一会儿，就玩一小会儿。"

妈妈："不行，赶紧给我，快点。"妈妈边说边伸手要女儿的手机。

女儿："就玩一会儿，刚刚拿起来。"

妈妈有点生气了："你这孩子怎么一点不配合家长呢？"

女儿："你叨叨什么？好心情都没有了，我一点都不想学习。"

妈妈："没有好心情就不学习了吗？我都是为了你好啊！你看你们班的××，人家学习那么好，人家玩手机吗？"

女儿："你怎么知道她不玩手机？我前天还看见她打游戏呢。"

爸爸从手机中抬头，来了一句："让她玩会儿吧。"

妈妈："你闭嘴！"

妈妈："你不能跟人家学学？看人家学习那么好，你看你考的那点分儿。"

女儿："我觉得我这次考得很好了，我已经很努力了！我就是写作业之前，玩一会儿手机也不行吗？"

妈妈："你怎么这么不听话？"

女儿："我怎么不听话！我就玩一会儿，我刚刚拿起来一会儿。"

妈妈："你这孩子欠揍是不是？"

女儿哭着说："我就玩了一会儿手机，你冤枉我……"

妈妈："我是为了你好！你这样考不上大学怎么办？不管你了，你自己看着办吧。"

互动问题3:您认为情景剧中父母与女儿的交流,有哪些说得、做得不合适的地方?

(设计思路:学生自己编写、表演的情景剧《沟通那点事》,因为剧中台词、交流方式均来自生活日常,有代入感,更能触动家长心灵,引发家长思考。)

3.独立思考,小组讨论,交流分享,生成方法

互动问题4:结合您与孩子的交流情况以及您的思考,您觉得怎样才能做到愉快、有效地沟通呢?

家长先独立思考,每人写6个关键词,在小组内部交流,将小组结果汇总用粗笔写在大白纸上。然后每组推选代表到教室前面分享,并贴在白板上。

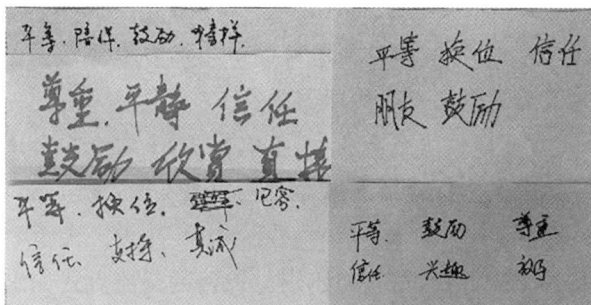

4.走进孩子心里

针对学生的一项关于沟通的问卷调查。

(1)你最希望听到家长哪些话? 家长的哪些话能够给你力量?

"很棒,去休息一会吧……""你看这样好不好?""考得不好没关系,下次继续努力。""这都不是事。""我觉得你比我当时强多了。"

(2)家长哪些话你最不想听到? 会让你感到厌烦?

"你怎么又……""我都是为了你好!""你能不能吃点苦?""你看看人家……"

"还玩,我看你一天到晚光玩去了。"

（设计意图：了解孩子心声,用孩子喜欢的语言、方式进行沟通,事半功倍。）

环节四:拓展提升,让亲子沟通更愉快

1. 夫妻双方交流、互动良好

父母的沟通方式是孩子与父母交流的"榜样",会对孩子产生潜移默化的影响。

请家长收看"情绪学习"案例《都挺好》(视频链接)

女儿怒气冲冲地指着苏大强:"我妈说得没错,苏大强,你就是个窝囊废! 你就不配有家! 不配有儿女!"

父亲苏大强只觉精神恍惚,多年之前妻子骂他的场景重现,妻子指着他骂:"苏大强,这个窝囊废! 我怎么会嫁给你呢?"

"你就是个窝囊废! 你这个窝囊废,不配有家,不配有儿女!""你这种人啊,你就不配结婚! 不配成家! 你给我滚,滚!"女儿、妻子,妻子、女儿,两种画面不停闪现,交织在一起……

女儿与爸爸的交流方式,与当初妈妈与爸爸的交流方式如出一辙,语气、神态,甚至语言都是一致的。

（设计意图：通过事例体会夫妻交流方式对亲子交流的影响。）

启发问题:我们知道,愉悦的情绪可以促进认知、学习。那么,怎样将不良情绪转变为愉悦情绪呢?

2. 拥有好情绪

班主任向家长介绍情绪认知理论:美国心理学家阿诺德(M. R. Arnold)在20世纪50年代提出,刺激情境并不直接决定情绪的性质,从刺激出现到情绪的产生,要经过对刺激情境的估量和评价。情绪产生的基本过程是刺激情境—评估—情绪。同一刺激情境,由于对它的评估不同,会产生不同的情绪反应。

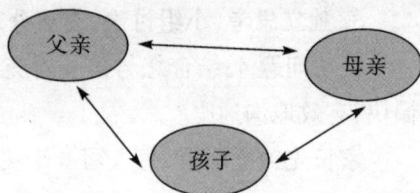

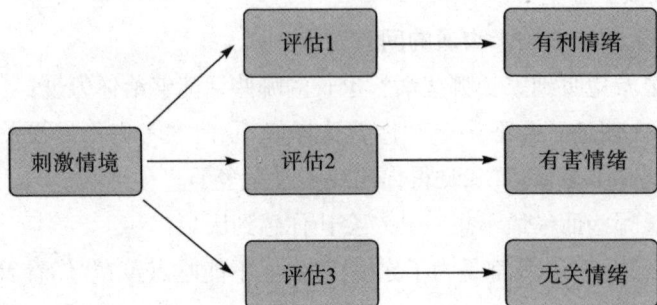

例如,孩子考试 80 分,若家长认为"很好",这一评估下会产生有利情绪;若家长认为"很不好",这一评估下会产生有害情绪。在有利情绪下与孩子沟通,会产生很好的效果;而在有害情绪下与孩子沟通,效果一般或者无效甚至有害。那么,怎样才能拥有好情绪呢?

(设计意图:此环节让家长意识到改变对刺激情境的评估,可以改变情绪,从源头上解决情绪问题。)

环节五:反思与总结

教师反思:本节体验式家长会,采用多种方式让家长体验、参与,并引导家长深度思考。通过问卷调查,教师提前进行"高中亲子关系沟通"调查,了解学生与家长间亲子沟通的现状。情景剧表演体验,让家长切身体会产生共鸣。小组讨论、案例教学,让家长在思维方面深度参与,思考分析、小组讨论、交流分享,最终生成方法。引入心理学、脑科学等专业知识,引导家长思考怎样从源头上解决问题,并且在今后的生活中会更好地践行这些方法。本节课教学相长,充分讨论后的交流环节,家长们分享内容很丰富,作为班主任,我也从家长身上学到很多方法,受益颇大。

小萱妈妈感悟:孩子们表演的情景剧《沟通那点事》,对我触动很大,剧中的情境在我家时有发生。通过与其他家长交流讨论,我总结出一些良好的沟通方法,包括共情、尊重、信任、理解等。今后与孩子沟通时,我将换一种方式,道理大家都懂,重要的是实践,我会尝试作一些改变。

小轩妈妈感悟:只有愉快的情绪运作,认知脑才会工作,如果孩子不想学而把他硬按在书桌前是没有用的,家长注意要让孩子带着愉快的情绪学习。作为家长,要控制好自己的情绪,就像徐老师说的,改善对事情的评估,多几个角度看待事情,这样才能从根本上与孩子好好交流。

附:高中亲子关系沟通调查问卷(学生版)

亲爱的同学们:

大家好!和谐的亲子沟通能够让我们感受到家庭的温暖与支持。那么,平时你和父母是如何交流的呢?近期我们将开设一节以亲子沟通为主题的班会课。为了了解本班同学与家长间亲子沟通的现状,提升本次班会的针对性与效果,特作本次调查。本次调查采用无记名形式,请大家根据自身实际情况认真详细地填写。

(1)你最希望听到家长哪些话? 家长的哪些话能够给你力量?

(2)哪些话你最不想听到？会让你感到厌烦？

(3)你经常与爸爸妈妈聊天吗？你最喜欢与他们聊哪些话题？

(4)你最喜欢的(或印象最深的)与爸爸妈妈一起做的一件事是什么？

注：本节班会课在2019年青岛市中小学优质课评选中，荣获家庭教育指导学科三等奖。

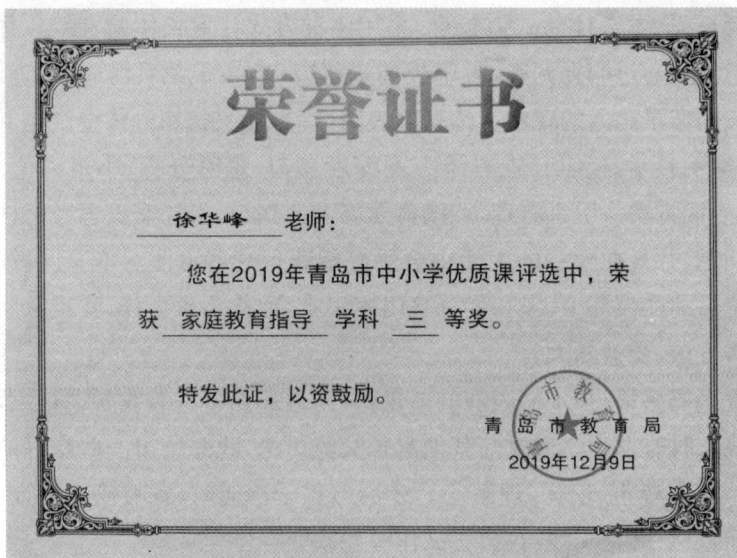

积极心理，共塑未来

授课人：李岩，山东省青岛艺术学校语文教师、班主任，师级职业规划师，高级家庭教育指导师。曹春梅山东省优秀班主任工作室成员。

一、班会背景

学校教育层面：《中华人民共和国家庭教育促进法》于 2022 年 1 月 1 日起开始施行。这部法律将家庭教育由传统"家事"上升为新时代的重要"国事"。

学生家长层面：高考带来的焦虑感在高中家长中非常普遍。艺术生文化课基础薄弱，专业难度和压力也大，如何既能正面教育，又能构建融洽的家庭关系？这些是大家渴望了解的。本节课以此为契机，促进家校合作，共商共建。

班级学生层面:2021级6班进入高二以后,学生们感受到来自高考的压力。他们大多数基础差,自制力差,抗挫折能力差,如何与家长有效沟通,这是家校迫切需要共同商量和解决的问题。

二、班会目标

认知目标:家长了解积极心理学的有关知识,认识积极心理学的作用。

情感目标:加强家庭情感交流,家长以积极健康的心态应对问题。

美育目标:班主任用美的方式与家长探讨积极心理学在家庭教育上的方法与运用。

三、班会准备

教师拟定班会主题,邀请家长、学校领导代表,印制校本小册子。学生在心愿卡上写下自己的小目标。家长关注话题,准备交流。

四、班会流程

环节一:班级情景剧展示

展示人物:潇潇和妈妈

事件:晚上,在家里。

背景:妈妈发现潇潇玩手机游戏。

情景剧(一)

第一位妈妈粗暴制止。

潇潇:怎么把我手机拿走了呀?

妈妈:你又在玩游戏!

潇潇:哎,你吓死我了啊!

妈妈:作业赶紧,赶紧写。游戏赶紧停!

潇潇:输了。

妈妈:输了就对了,不输就不对了。现在你自己学习不好还想打游戏,手机拿来。

潇潇:手机不能给,我得查题,这些题我都不会呀!

妈妈:你查题就查题,你别拿手机玩游戏啊。

潇潇:知道了。

(妈妈下,过了一会儿,发现潇潇还在玩游戏。妈妈上,抢手机。)

妈妈:写作业,赶紧地。

潇潇:我这不搜题嘛!

妈妈:你搜题还是玩游戏呢?

潇潇:差一道题了,就差一道题。

妈妈:从晚上 8 点到 11 点了,还差一道题,三个小时没写完作业。

潇潇:那我总要放松一会儿吧。

妈妈:写完作业才是放松的时间。

(妈妈抢手机。)

潇潇:行行行,你干什么啊?

妈妈:手机拿走,不能再放这儿了。因为你已经好几次不守信用了啊!

潇潇:别别别,你真是没法说。

妈妈:没法说就不说。

潇潇:那我怎么写,我都得照着手机写。

妈妈:住宿的同学没有手机也可以写作业。你也可以。

(妈妈拿手机下。)

情景剧(二)

第二位妈妈温文尔雅地讲道理。

潇潇:妈,你等会儿啊。

妈妈:这就是那个游戏对吧? 哦,你知道玩多久了啊!

潇潇:你给我 10 分钟行吗? 你给我 10 分钟,说定了啊!

妈妈:一会儿我过来找你啊,说定了。

(潇潇开心拍手。)

妈妈:怎么了,这么开心,我家宝贝通关了对不对。嗯,咱商量一下好吗?
我们晚上能不能做完了作业再玩游戏。

潇潇:再玩一会儿游戏行吗?

妈妈:10 分钟行吗?

潇潇:不太行,有点儿短。

妈妈:11 分钟,12 分钟?

潇潇:12 分钟可以了。

妈妈:行,就这么说定了。12 分钟,就 12 分钟,我把手头的活干完,一会儿
咱们还有接下来的活动呢。

(妈妈下,潇潇学习一会儿,偶尔拿出手机看看。妈妈上。)

潇潇:其实还有一道题没写呢,就剩一道题了。

妈妈:我说嘛,我家宝贝,那叫一个说到做到,"一言既出,驷马难追"。

潇潇:驷马难追。

妈妈:刚才咱们说约法三章啊。做完作业,然后可以玩12分钟是吧。好像你上个月玩得太厉害了,正好我出差,那本书咱们也没有读完,这个月你节省了很多时间,所以正好可以完成我们的阅读了。

潇潇:好,等我一会儿。先写完作业。

妈妈:太棒了,妈妈就喜欢和你一起做事情。

潇潇:好的,我做完了。

妈妈:一起阅读去。

(设计思路:情景剧中的两位妈妈形成对比,引发家长讨论,为积极心理学的引介作铺垫。)

介绍家长和孩子之间的三种主要互动方式:严厉;骄纵;正面管教(权威的,和善与坚定并行,有限制地选择)。

家长辨析:两个情景剧分别属于第一种和第三种。

环节二:小组交流,班级分享

教师提问1:你认为解决这个问题的关键是什么?

家长观点:(1)对手机游戏的认识。

(2)家长和孩子的沟通方式。

教师提问2:这个案例带来哪些思考?

佳合家长:作为家长,我觉得解决亲子关系当中出现的一些问题的关键,就是家长应该有一种理性的控制力,张弛有度。在这个前提下,家长和孩子之间的沟通还是有效的。刚才第一个案例当中,这位妈妈显然反应有些过激,导致矛盾激化,因为她缺乏理性控制,所以效果是欲速则不达。而第二位妈妈能够换位思考和孩子坦诚相待,所以收到的效果肯定好于第一位妈妈。

(设计思路:家长对情景剧的评价彰显了家长的认知,为下一个环节作铺垫。)

环节三:教师引介积极心理学相关知识及作用

1. 积极心理学的定义及作用

积极心理学就是用科学的方法发现人的积极心理力量,然后把力量利用起来,获得普遍的幸福感,过上美好的生活。

2. 积极心理学的特点

(1)积极心理学是科学的。

积极心理学是建立在心理学的基础上,运用心理学的原则进行研究实践。

(2)积极心理学是积极的。

我们需要用一些积极的力量来转移、替代、升华消极的力量,这是很重要的,比如情绪调节。积极心理学中有一些简单的情绪调节知识和技巧,能让我们很快改变身心状况,学会控制负面情绪持续的强度。

(3)积极心理学是行动的。

很多人的问题在于,知而不行。其实"知道"很重要,但"做"更重要,知行合一,才能够真正扭转局面。

很多时候,人处理不好自己的问题,不是因为问题特别严重,而是因为对未来失去了信心。所以,人不是被过去决定的,人是被现在和未来决定的。

环节四:知己知彼,了解孩子

1. 家长交流

(1)您的孩子有哪些让您引以为傲的优秀品质? 请举例说明。

佳霖爸爸:佳霖让我感到骄傲的优秀品质应该是她乐于助人。从小,她对身边的人就特别热心,特别喜欢帮助别人。记得高一的时候,有一次放学的时候突然下雨,班级里有个同学没拿雨伞,她就把雨伞借给同学。父母对她的培养,主要是采取支持和鼓励的方式。

(2)猜猜看:步入高中后,有哪些方面是孩子最期待提升的?

沛文爸爸:进入高中后,孩子有高考的压力,我觉得首先他要学会学习,这是他最期待提升的能力。其次进入青春期之后,他可能还想交更多的朋友。

(3)在孩子心里,您会是"金牌家长"吗?

羽佳妈妈:首先,每个孩子都有自己的优点和缺点,家长如果只盯着他的缺点看,甚至拿缺点和别人家孩子的优点比,这是不明智的。其次,要善于发现他们的长处,考虑怎样帮助他们发挥长处,这样他们在今后的道路上才能走得更远。第三是和孩子真正地做朋友,平等相处,让他们愿意在快乐的时候和我们分享日常。

2. 学生问卷调查反馈

(1)你认为你有哪些优秀品质？（列举前5项）

　　出现频率最高的品质：勤奋、乐观、负责、宽容、尊重他人。

(2)在这些优秀品质养成的过程中，你认为家长对你起到的作用大吗？

　　A. 非常大　　　　B. 比较大　　　　C. 一般　　　　D. 没有作用

(3)你的哪些优秀品质的形成，得益于家长的言传身教？

　　出现频率最高的前4位：孝敬、勤劳、好读书、坚强。

(4)步入高中后，有哪些方面是你最期待提升的？

　　出现频率最高的前3位：专业素养、文化课成绩、社交能力。

(5)你的家长是你心目中的"金牌家长"吗？

(6)步入高中后，你对父母有哪些新期待？

　　出现频率最高的是：信任自己，给自己更大的自主权。

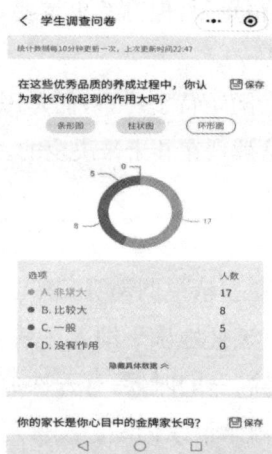

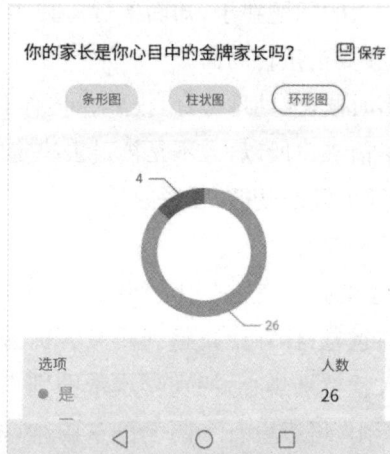

（设计意图：了解是相互的，课堂是班主任在主导，但是表达的主题、接受的主体、需要内化成行动力的主体永远是家长和学生。）

环节五：拓宽视野，注重运用

1. 尊重信任，赢得合作

（结合佳合家长的发言，分析情景剧二）

2. 聚焦优点，强化内驱

（学长王和分享视频）

　　大家好，很开心跟大家见面。回想当时的艺考和高考，因为当时考试阵线拉得比较长，艺考完了紧接着就要高考，所以就会有很大的压力，也特别焦虑。

但是我很热爱表演,表演是我的梦想,就会有很强的动力推动着我去做事情。当我真的觉得自己承受不住,很累的时候,就问自己,为什么去做这件事情? 它对我的意义是什么? 我还会通过听音乐、散步、跑步去缓解心情。我也特别感谢我的家长、老师和同伴。他们在知道我的选择之后,也没有过多地干预,反而给我营造了一个特别轻松的学习环境,让我轻松愉快地度过这段时间。所以再回想过去的时候,那段时间虽然特别累,但是也很开心。

3. 接受挫折,调整心态

(学生录制视频,家长讨论)

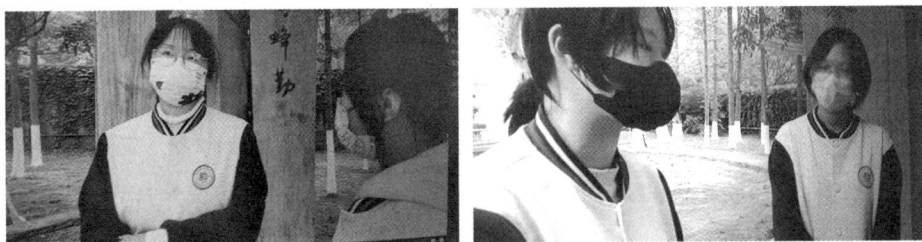

(学生记者)艺璇:你在成长中遇到过哪些挫折,你是怎么应对的呢?

馨瑜:小的时候,父母让我学舞蹈,上初中之后我才发现自己不适合学舞蹈。但和父母说了很多,他们也没有支持我,后来我就和他们商量,并且参加了一些学校举办的美术比赛,拿了几个小小的奖项,然后跟他们说,我是真的比较喜欢学美术而不是舞蹈。后来经过了一段时间的磨合和探讨,他们慢慢同意了我转学美术专业。

艺璇:谢谢馨瑜同学的分享,那么彤杰同学,你在成长中遇到哪些挫折? 你是怎么应对的呢?

彤杰:我从小学到初中一直都没什么目标,上了高中,我就想着在学校认真听讲,回家之后复习背诵,后来成绩一步步提高了,离自己的梦想就更近了一点儿。

艺璇:两位同学发言都非常好,那我想问一下雨晴同学,听了她们的成长故事,你有什么感悟呢?

雨晴:听了这两位同学的发言,结合我自身的经历,我总结出了两点。一是要与父母沟通,因为毕竟父母的想法并不是孩子的想法。二是要给自己设计一个能够达到的目标,然后在完成目标的过程中让自己变得更好。

艺璇:这位同学感悟得非常好,谢谢各位同学的分享。

家长交流,老师引导:做成长型父母,重视过程性评价。

棍棒下成长起来的孩子,心灵更为懦弱,更为固执。

——〔法〕蒙田

即使是普通孩子,只要教育得法,也会成为不平凡的人。

——〔法〕爱尔维修

环节六:知行合一,以身垂范

1. 再现志愿者服务活动

高二的一天,天朗气清,微风和煦。2021 级 6 班同学在班主任李岩老师的组织带领下,来到市南区香港中路爱心献血屋,开展了"无偿献血宣传"志愿服务活动。首先,同学们进行了无偿献血的相关学习。大家自行阅读关于无偿献血的相关手册,这让同学们更加深刻地了解到无偿献血的有关知识。同学们还向群众进行科普宣传,并分发手册,解答问题。无偿献血是奉献,也是责任。一些同学家长积极响应,参与了无偿献血,成为一名光荣的献血者。馨瑜同学的爸爸妈妈,芸玮同学的姐姐在活动现场参与了献血。大家同在一片蓝天下,携手托起生命的绿洲。

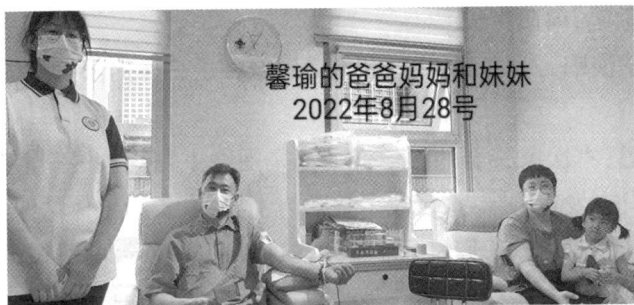

馨瑜的爸爸妈妈和妹妹
2022年8月28号

青春
热血燃
芸玮和她姐姐
2022年8月22号

2.优秀志愿者家长分享

芸玮妈妈:各位亲爱的老师、家长,大家好!我是高二六班芸玮的妈妈,非常荣幸站在这里和大家分享。我做志愿者的初衷就是为社会出力,尽一点公民应尽的责任和义务,传递爱心,传播力量。

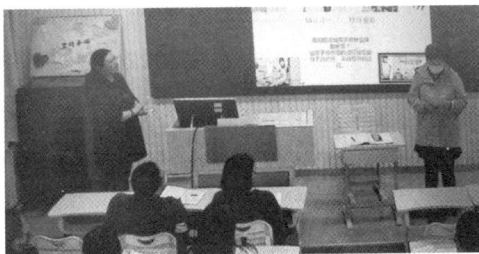

每次志愿服务都让我收获很多,在献出爱心的同时,得到的是帮助他人的满足和幸福,得到的是无限的快乐与感动。在帮助他人、奉献社会的同时,孩子们知道了通过自己的力量可以帮助更多人,从而培养爱心,学会感恩。2020年,我被市南区人民政府授予"最美志愿者"的荣誉称号,作为"先锋湛山"的一员,让我们手牵手参与志愿服务,心连心共创文明社会,把这份爱传递下去。

3.小组联盟,合作探究

家长和小组成员思考:学校要举行绘画比赛,只设置2个晋级名额,小华想参加,又担心耽误文化课,家长可以做些什么?怎么做?请每组推荐一位发言人,分享成果。

4.放声歌唱,向阳生长

芸玮同学演唱《人世间》,让大家感受到像种子一样向阳生长的生命力与幸福感。

教师反思:本次家长会的教学活动都是围绕主题徐徐展开,家长们演出情景剧、小组讨论、发言分享,这反映了教师为主导、家长为主体的课堂教育理念,教学效果颇佳。课后家长们表示非常喜欢这节家庭指导课,对校本小册子也由衷喜爱。有两个地方略存遗憾:一是时间关系,请家长谈孩子优点,涉及的孩子不够多。二是可选用适当的背景音乐,烘托气氛。

注:本节班会课在 2022 年青岛市中小学优质课评选中,荣获中职学段家庭教育优质课一等奖。

第二模块
习惯养成

初夏好风至 万里研讨亲
——海东&青岛双地班主任工作室教学研讨

高中生的自信与自律

一、班会背景

学校教育层面:《中小学德育工作指南》指出,班主任要全面了解学生,加强班集体管理,强化集体教育,建设良好班风,通过多种形式加强与学生家长的沟通与联系。各学科教师要主动配合班主任,共同做好班级德育工作。

高中学生层面:2019 级 8 班成立第一个月,月度常规检查在 12 个班中排名第 11,有 4 人次被全校通报,没收手机 5 部,阶段性检测全科总成绩年级倒数第二,平均分比年级低 19 分,班级最高分比年级最高分低近 100 分。全班有 5 人缺考,6 人涂错答题卡。入秋以来每天都有男生请病假,最多的时候一天病假 7人。从 2020 年 9 月份的各项数据来看,"物历"组合的 8 班学生纪律基础、学习基础、身体健康状况与兄弟班级相比有很大差距。

当然这个班级优点也很多。

(1)师资力量比较好,家长们的心比较齐,能力强,对班级事务参与性高。

(2)女生很乖巧,男生性格外向,师生关系、生生关系比较融洽。

(3)班级教室小,190 的高个子或者胖大男生的容身空间有限,窗户北向,离建筑工地很近,但是学生心胸宽广,有容人容事之量,从不计较也不攀比。

(4)班级运动会总结,上上下下都自我反省,有君子风度。

(5)阶段性检测没考好,但是从课堂反应来看,有很大潜力。

(6)第 7 周获得了常规检查年级前四的好名次,有明显的进步。

二、班会目标

认知目标:建立高中生需要自律的认知,自觉遵守学校的一日常规准则。

情感目标:明确班级优点与缺点,增加对班级的了解,增进对班级的感情。

美育目标:积极培养优良生活习惯与学习习惯,在自律中增强自尊之美、自信之美。

三、班会准备

教师邀请体育教师薛雨参加本次班会。

四、班会流程

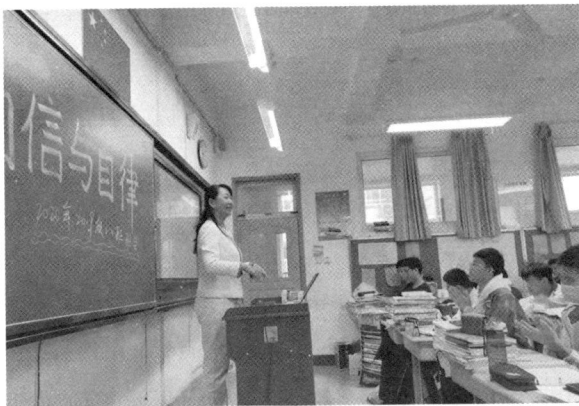

环节一：班主任暖场

班主任介绍班级近况，并向学生引荐学校刚刚参加工作的优秀师范生——薛雨老师，他将为大家带来一场讲座《高中生的自信与自律》。

（设计意图：《中小学德育工作指南》中提出，各学科教师要主动配合班主任，共同做好班级德育工作。班主任要积极主动地邀请任课教师，特别是年轻有活力的体育教师到场为学生助力。）

环节二：薛雨老师演讲并与学生互动

大家好：

曹老师邀请我过来和大家谈一谈，聊一聊。我和同学们年龄相差不是很大，差不多算是一代人，比较有共同话题。

上个月发生的一件事让我很难过。上个月在超市，有一个小男孩过来问我："叔叔，这个菜是什么？"他叫我叔叔，这真不舒服。这个事，我不知道你们有没有经历过？（学生表示，有）因为在外人眼里，你们个子高高的，已经是大人了，在老师眼里你们也是大人。既然如此，同学们就应该以一个成年人的标准看待自己，约束自己。

演讲之前，请同学们先回答几个问题，根据自己的第一反应回答是或者不是。

（1）当过马路遇到红灯，两侧没有车辆经过时，你是否还会等绿灯亮起再走？

（2）当走在路上吃完东西找不到垃圾桶扔垃圾时，你是否能继续拿着垃圾等找到垃圾桶再扔？

(3)自习课上，当身旁有人说话时，你是否能不受干扰，继续认真学习？

(4)当回家准备写作业时想起有喜欢的节目或者直播要开始了，你是否能先去完成作业？

(5)当写作业遇到难题，哪怕手里有参考答案时，你是否可以凭自己的能力完成？

(6)跑操时间到了，但是班主任和检查人员都不在，缺勤也不会被发现时，你是否还会继续去跑操？

(7)对自己的学习和日常生活，你是否有清晰明确的计划？

7个问题问完了，这几个问题看起来涵盖面广，说到底还是自律的问题。自律就是自我规范，自我约束。自律不是多么伟大，多么难的事，它就是生活中点点滴滴的小事，就是日常的习惯。比如早晨到点儿起床，晚上睡觉之前不玩手机，不看小说，不看直播，不玩游戏；每天回家坚持做 20 个俯卧撑，跳 10 分钟的绳。

为什么谈自律，其实这正是大家需要的。16 岁到 18 岁这个年龄段，大家要求独立、要求自主的意识十分强烈，不想让老师和家长过多干涉。不想被别人管理，就需要进行自我约束，自我管理。

现在家长和老师对大家起引导与疏导的作用，但不会像幼儿园和小学的时候，牵着手一步一步带着大家向前走。如今的老师与家长相当于在悬崖两边架起的护栏，在护栏里面，大家怎么走都行。大家要求独立自主的愿望是没有错的，但要考虑自己有没有与之匹配的经验、社会适应能力和处理麻烦的能力。为什么说这个呢？如果家长真的按照大家的想法不管了，大家自己放学回家后管不住自己就知道玩，不学习，第二天早晨抄作业。第一天如果可行，第二天还会写作业吗？以后呢？一个学期下来，不知道课本讲的是什么内容，考试的时候估计就只会写自己的名字。我之前有一个同学，本来学习很好，但青春期就很不喜欢被家长管，结果家长就真的不管，作业也不做。一个学期之后，没考上普通高中，去了一家职业高中，后来就没有音信了。所以大家要求独立自主的同时必须建立与之相匹配的自律意识和能为之践行的自律行为。

大家都是大孩子了，做事情要过过脑子，想一想能不能干再去干。比如穿校服，这是学校规定，当走进学校，遵守学校规定就是必须履行的义务。我读书的时候，男生也会下课跳窗出去玩。级部主任晚自习上我所在的班里转了一圈，问了一句："你们班是不是养狗了？只有狗才翻窗。"他让我们翻窗的几个人站起来，承认错误。这个事告诉大家，做事情不能凭头脑一时之热。不要去做一些违反规则、违反规定的事。自律就体现在这些小事上，要时刻约束自己。

请大家拿出刚才那张纸，写下自己能亲身践行、力所能及坚持住的三件事。比如，每天早晨六点起床，每晚写完作业后把所有的卷子和书整理得有条理，每天在户外坚持跑一圈……遵从自己的内心，坚持做好这三件事，如果养成习惯了，可以再换三件事。自律就藏在点点滴滴、长期坚持、习以为常的习惯里。在学习上形成好习惯，在生活中就会形成一种道德标准。

请大家再写一个自己的优点。比如记忆力好，背书背得很快或者诚实守信，答应别人的事都能做到。大家写出自己优点的过程，也是增强自信的过程，进而无形中建立起自信心。自信就是充分相信自己的一种信念，周总理少年时就有"为中华之崛起而读书"的豪情壮志，这是多么强大的信念！

请大家再写一个同桌的行为、品格或者技能上的优点。

有一个优点的人都可以抬头挺胸走路，有两个优点，就是前途不可限量。有哪位同学愿意分享一下自己的优点？（轩轩上台）

薛雨老师:轩轩同学站在这里,在大家的注视下,还能站得这么稳,一点都没晃。请大声喊出你的优点。

轩轩:我的优点就是浑身都是优点。(学生热烈鼓掌)

薛雨老师:他刚才说自己全是优点,这是不是优点?(学生:是)他这么大声,这说明他非常非常有自信。

有哪位女同学愿意分享一下自己的优点?(彤彤上台)

彤彤:静一静,我是个适应能力特别强的人。(学生鼓掌)

薛雨老师:学习压力大,大家没有点优点能行吗?请大家大声喊几遍。每个人都有潜能的,要相信自己。

下面分享一个视频。(播放视频)

视频中,这个运动员以为自己只能走 30 米,可是最终走了 100 米,可见人是非常有潜能的。希望大家也能增加自信,发挥出自己的潜能,自律自强。

(设计意图:在这个环节中,薛老师做了认真全面的准备。他不仅给学生讲道理,还与学生积极互动,开展心理拓展活动。这充分说明班主任要充分利用身边的人力资源为班级的发展赋能。)

环节三:学生阿豪、鹏钢、继楠拜薛雨老师为自己的全员育人导师

薛雨老师:大家选择我做导师说明是信任我的,感谢大家。我希望你们都能有篮球运动员科比·布莱恩一样的拼搏精神,哪怕自己没有出众的天赋,但能通过不懈努力、顽强奋斗,取得比天才更辉煌的成绩!

(设计意图:薛雨老师反思说今天所说是心中所想,比较平铺直叙,并未深刻系统地进行阐释自律自信的相关概念,只从生活中举例分析讲解,希望能引起学生共鸣。但是恰恰是薛老师今天构建的内容,引起了学生强烈的情感共鸣。情感到位了,自律自信还会远吗?)

班主任反思:今天的班会课非常精彩,薛雨老师的话语系统与学生是一致的,因此本节班会内容深受学生好评。薛雨老师演讲幽默,切中要害,师生关系融洽,讲话与带领学生体验的内容学生入耳入心。希望此次班会课后学生们能有自律意识,自强精神,在日常的点点滴滴中继续进步。当然一节班会课不能

解决所有问题，学生后续的学习习惯、生活习惯的养成还需要相关的监督和引导。感谢薛雨老师！

学生大宇感悟：薛雨老师是我们班很多同学都非常熟悉和尊敬的老师，和我们年纪也比较相近，他给我们强调了自律的重要性，介绍了自律的方法。我们收获颇丰，希望他多来我们班做一些类似的体验活动，使我们开阔眼界，明白道理。

学生阿航感悟：薛雨老师的年纪和我们相仿，没有代沟，所以有很多共同话题，在他给我们做演讲时说，我们现阶段已是个准成年人了，做事要过脑子，不能再像以前那样毛躁，其中自律尤为重要，这对我们来说，受益匪浅。

居家学习与生活下的短学期，
你准备好了吗？

一、班会背景

学校教育层面：2020年5月，因疫情，基础年级的师生一直在网课教学中，家长承担了陪伴、照顾、督导的职责。此时学校在学生中进行感恩教育，让学生懂得换位思考，体恤父母的不易，增强学习的内驱力，更好地成长进步。

高中学生层面：2020年5月，开学在即，高二学生的当下与未来受到学校、班级、家长、教师的重视。为此召开全员育人部分学生亲子家长会，旨在分享成长，提优补弱，确定目标，改进措施。

二、班会目标

认知目标：居家学习与生活期间学生备受父母的照顾，加强对爱的认知。

情感目标：换位思考，体恤父母的不易，增强学习内驱力。

美育目标：亲子关系之美和成长之美。

三、班会准备

教师提供亲子对话模板。与会家长准备交流发言。

四、班会流程

环节一：亲子对话

孩子：爸爸（妈妈），我看见您在居家学习与生活期间对我的照顾，比如……我做得不错的是……日后，我还可以再提高一点儿的是……我希望您能和我一起……

家长：孩子，我看见居家学习与生活期间你对我的关爱，比如……我想给你点赞的是……我希望你在日后能提高一点儿的是……我将和你一起……

多多：爸爸妈妈，我看见你们在居家学习与生活期间对我的照顾，比如每天早上叫我起床，为我准备丰盛的饭菜，学习时端来水果和热水等等。居家学习与生活期间,我认为自己做得不错的是自控力有所提升。日后,我希望居家时间能多做一些家务,也希望你们能和我一起做一些体育活动。

多多妈妈:孩子,我看见居家学习与生活期间你对我的关爱,比如知道妈妈手腕有伤,大件物品你不让我动,自己一个人搬回家。孩子,居家学习与生活期间,我想给你点赞的是你能控制好自己的情绪,把控好手机使用时间,学习上知错能改。孩子,我希望你在日后能做事不拖拉,与人交往更积极主动一些。我将和你一起做你想做的事,一起成长。

太权:爸爸妈妈,居家学习与生活期间,我做得不错的是在学习上,我做到了每天上课认真听讲,按时完成作业,自觉学习,合理休息。在生活上,我每天与你们聊聊天,周末有空闲时间就与妈妈一起做饭,包包饺子;有时与你们一起跑跑步,锻炼锻炼身体。

太权爸爸:孩子,居家学习与生活期间,我想给你点赞的是你自觉性非常不错。每天早早起床拍照上课已成了习惯,你对学习的态度也有了很大的提升,每天做到了学习、休息两不耽误。积极完成各科老师布置的作业,效率比以前提高了,基本上不用爸妈操心。在生活方面与爸妈户外活动明显增多,帮助爸妈做了许多力所能及的事。

(设计意图:亲子对话可以让父母与子女彼此加强了解,帮助孩子培养个性,形成健康的亲子关系。)

环节二:学生分享"居家学习与生活期间的成长"

永娜:2020 年我们从 1 月份开始放假,本来应该在 2 月份开学,但是现在到了 5 月份还没有开学,这段时间我们一直以网课的形式进行学习,上网课跟平常学习生活最大的不同就是对于时间的管理。

没有了铃声，没有了学校中与同学们共同生活的相互监督，安排时间的能力落到了自己手里。每一天，自己的起床时间、学习时间、课余时间、睡觉时间，全部由我支配。充沛的时间散落在房间每个角落。一开始我总是想，既然时间多出了那么多，我可以完成很多以前想要完成却没有时间完成的任务。随着每天在家里的时间一点点过去，我发现当我每次想要完成这些任务的时候，会先想到当下有没有要完成的作业，有没有要去查缺补漏的地方。然后我的事情就又多了起来，所以在家里，我把这些事情一直拖一直拖，没有能够真正去实现。墨菲曾说"所有的事情都会比你预计的花费时间要长"。在学校时曾因为忙碌而把某些计划一拖再拖，现在在家中却也因为忙碌把计划一拖再拖。拖延被妈妈指出来，我开始意识到，如果我真正想要完成一件事情，那就要将时间安排在当下，不是今天晚上，不是明天，更不是假期。利用时间，从当下做起。这是第一点。

第二点是珍惜。特别幸运的是，目前，我还非常健康、安全，要珍惜当下，做好当下我能够做到的每一件事。

我想讲的第三点是关于未来的职业思考。时代发展得非常快，各种技术发明一直在向前推进。之前学校组织过生涯规划答辩，特别提到一点，就是要选择未来不容易被替代的职业。

最后谈谈力量，虽然我现在还是一个学生，能力有限，但是我知道以后我要变得有能力，去做一些服务社会的事情。

雪梅：这个寒假，有些同学可能和我一样，听到推迟开学的消息，不仅不难过，反而还有点开心。在家里学习多舒服啊，早上不用起得那么早，也不用担心时间紧张而没空吃早饭。

因为觉得时间充裕，一开始我对于学习不是很积极，有点拖延。随着开学时间的一次又一次被推迟，我意识到了时间的紧迫性，我马上就是一名准高三的学生了，不可以再浪费时间了。尤其是看到老师分享在群里的优秀作业，看到别的同学在家都努力学习，我也有了紧迫感。于是，我对待学习不再敷衍了事,而是尽力完成每一份作业。

之前在网上看到一位留学生回国后,被中国温暖的医护人员感动得哭了,不停感叹,祖国太好了。这个寒假,钟南山院士、李兰娟院士以及所有奋斗在第一线的医护人员的辛苦付出感动着我们。之前在朋友圈看到有人说,长大也要当一名医生救死扶伤。我想这就是正能量吧。我作为一名学生,现在最重要的任务就是努力学习,为将来奉献社会奠定基础。

(设计意图:社会就是一本打开的德育教材,涉浅水者见鱼虾,涉深水者见蛟龙。在这个环节里,学生可以尽情展示自己在居家学习与生活期间的所见所闻所思所感,这也让教师与家长看到学生的可持续性发展。)

环节三:家长分享亲子教育体会

浩然妈妈:居家学习与生活前期,大家都觉得上网课的时间不会太长,所以一开始家庭重视程度不够,但随着停课时间的延长,学校重视程度的增加,我们家长也变得重视起来。孩子虽然知道自己要好好学习,而且大部分的时间能够好好学习,但是坚持自我管理还是欠缺一点儿。中期作业有一段时间不是很好,我们家长和老师之间做了很多沟通。然后孩子自己意识到了,所以后期他自我管理基本上做得挺好的。浩然喜欢语文课,愿意听老师讲课,也愿意练习。我会在家跟他进行一些交流,这也是他后来能进步的一部分原因。

另外,在学习方面,除了孩子在学习,我们家长也一直在学习。我们两个家长都是文科生,所以这方面对孩子有一定的影响。他爸爸比较喜欢文史,经常带着孩子听名家访谈,拓展思维;我比较讲究实用,会学习工作当中需要的一些知识点;我们全家一直是保持学习的状态。浩然爱好文学,从小到大只要是他喜欢的书,我们都会给他买;老师推荐的书,也给他买回来;他现在已经养成比较好的阅读习惯了。

太权爸爸:大家好,孩子们在家上网课,我们当家长的在外面打工,忙,有时候照顾不到他,就凭他个人自觉。晚上回来我会看一下他的作业总体完成情况,检查一下看看还有哪些作业没完成。

孩子自己有时候需要放松一下,我们家人没有对他提特别高的要求,学习这方面有时候嘱咐他也不要太累,有松有紧,该松的时候去找一点课外书籍看一看。生活方面,我每天晚上下了班回来给他做饭,午饭他自己解决。我就对他说,你自己在家里面,爸爸妈妈管不到你,你自己学习上面可得抓紧,该积极完成的就积极完成。

(设计意图:家长谈亲子教育体会可以增强学生的自我认知与学习生活反

思。学生通过对自己学习生活的反思，能够更好地规划学习时间，设置学习目标，并自主地调整学习方法。）

环节四：教师交流第二学期目标和要求

高二第二学期很多学科结束了新授课，开始进入一轮复习，为高考做准备。一般说来，高考复习分三轮：第一轮抓课本，重基础，温故而知新，如果学生上高一的时候学得不扎实，或者说当时懵懵懂懂，半会不会，那么经过第一轮复习，会豁然开朗，此轮复习中等学生最受益；二轮复习串点成线，以知识点为抓手进行知识的串联；三轮复习织线成面，以做套题为主，强调综合运用。目前语文即将进入一轮复习，学校强调学生要紧跟教师步伐。

（设计意图：未雨绸缪，此环节让家长和学生提前对未来的学习有宏观认识。）

环节五：亲子交流短学期目标和改进措施

教师对学生和家长提出明确要求。

学生：自己的学习目标和成长目标是什么？要保持什么、提升什么、改进什么？具体做法是什么？

家长：谈谈对孩子的几点期望。想改进的方面是什么？未来将做好哪些保障？

奕麟：我这个短学期的主要目标是把所有学科剩下的新课知识掌握牢了。因为压轴的知识掌握好很有必要。然后整理错题，读完《西游记》。《西游记》大家可能都看过，但是我现在读的是文言文版本的，跟白话文的翻译、电视剧还是不太一样。我还要保持学习的韧性，目前我对自己的要求比在学校上课的时候宽松，我也能感觉到，但是总体上我没有懈怠，最后这段时间不要前功尽弃，一直坚持到学期结束。时间管理应该再提升，现在我经常感觉缺觉，其实睡得也不是特别晚，早晨7点起床，按理说睡得不少，但是我感觉困，上完课之后就得先去补一觉。

奕麟妈妈：期望孩子提高学习效率，增强时间管理能力，充分利用好时间。家长需要改进的是需要更加耐心地对待孩子。比如说，有一阵儿，孩子的学习情绪不是那么高涨，作业完不成或者考得不太好，遇到这种情况我就会比较急，对待他缺乏耐心，以后还要改进。奕麟马上就要进入高三了，我的任务是把后勤保障做好，使家庭气氛和谐，让孩子有一个比较好的生活环境。

浩然：我这个学期的目标是把高一和高二掌握不牢的古文基础知识学扎实了，尽量把字练好。作文要能抓住出题人的意图，不要跑题。具体做法就是认真写每篇作文，写作业的时候注重字体。

浩然爸爸：期待跟孩子一块儿去学习，留下美好回忆。高中阶段，孩子学习压力大，今年的情况也比较特殊，所以我们尽己所能地配合学校的教育，观察孩子的状态，身体力行地给孩子一些引导。我们家长还要控制自己的情绪，尽量讲道理，尽量倾听。孩子在这个阶段有些不成熟，出现问题时我们会开诚布公地聊一聊。

永娜：我这个学期的学习目标是跟上老师复习的进度。生物已经学完一本书，数学也开始复习了，历史也学完一本书。随着复习的深入，我觉得会遇到越来越多的难题。我最近状态不太好，"五一"放假之后我就有点懈怠，现在更提不起精神来学习，我希望效率能提高一些，跟着老师复习，做完题。具体做法是先写数学作业，有的题挑战比较大，不要怕，不要一碰到难题就逃避，要注意限时训练。

永娜妈妈：孩子知道自己的问题，如果她不想学，说也没有用，但是一段时间之后她就感觉要珍惜时间了，就会抓紧时间开始学。我的任务是把饭做好，好好照顾她，学习这方面我基本上插不进手。

太权：我这学期没有什么太大的目标，就是紧跟一轮复习的步伐，跟着老师们的节奏不要落下。除了积极完成作业外，还打算多做做运动。课前预习不够，上课有时候会走神，这些都需要改进。具体做法就是学习更积极、更努力。

太权爸爸：前面我说过一些，反正孩子自己管理自己，不好的地方改正。我们帮不了他太多，只能在生活上面保障一下。

江雪：我的目标是把之前没背过的文言文都背过，感觉需要背好多，背诵是个大事儿。把作文和其他题型的优势保持住，然后再完善。具体做法就是每天抽时间背文言文，作文多写几篇。

江雪妈妈：我觉得孩子压力太大了，我已经不敢再对她提什么目标了。因为我发现她从早上起床一直到晚上十一二点都在学习和画画。白天就跟着网课，网课结束了以后就写作业，一天到晚把自己的时间安排得快要饱和了。周末还有补习班的课，美术课也有作业，真的是挺不容易的。有的时候我会故意安排她帮我拿个快递，打桶水，让她活动活动。人家家长都给孩子做好后勤工作，我也做好服务工作吧。

教师总结：今天的这节班会课大家都说了自己的想法，彼此碰撞，产生了一些新的思想。家长关注孩子所关注的，喜欢孩子所喜欢的，在情感上跟孩子保持一致，这就具有了共情的基础。家长与孩子共情，孩子自然会把情感变成道德，道德转化成行动力，越来

越有进步。补充一点，居家学习与生活期间，家长和孩子在努力学习的同时一定要有一点儿运动，运动可以调节情绪，还可以帮助我们进行时间管理。

（设计意图：此环节重在引导教师、家长、学生三方共情。"共情"这个词是由美国心理学家卡尔·罗杰斯提出的概念，和"同感""同理心""投情"是同义词。卡尔·罗杰斯认为，"共情"是理解另一个人在这个世界上的经历，就好像你是那个人一般。但同时，你也时刻记得，你和他还是不同的；你只是理解了那个人，而不是成为他。共情还意味着让你所共情的人知道你理解了他。）

最后送大家一首诗歌：

愿你用自己的力自己把自己生出来

曹春梅

这一次房间变作子宫

学习桌成了胎盘

脐带化作鼠标绕着电脑走

你是否像成熟的胚胎

安稳又正常

母体外病毒挑战免疫力

挑战科学、求真、务实

时代的尘埃里

困难和伤痛

害怕与惊悸

就算是山

也抵不过曾经的英雄梦想

终究要做自己的王

拿出劲儿发育

长头脑,生肝胆

增知识,多智慧

流自己的汗

吃自己的饭

自己的事情自己干

愿你野蛮又纯净

健康又文明

用自己的力

自己把自己顺利地生出来

教师反思:这节全员育人亲子家长会,关注了每个家庭的情感状态、学习目标、改进措施,对当下的高二学生家庭来说,相互交流,互通有无,听听别人的,反思反思自己的,每个家庭都可以有一些收获。教师也可以通过亲子家长会更好地了解学生,掌握学情,提高网课的效率。今天的亲子家长会,大家发言很积极,也很热烈,虽然彼此对着屏幕,但是每个家庭的发言都很真实,学生们的学习意识也很浓厚。

不足之处有两点:一是前三组问题有重复,导致过程中略拖沓,可以进行整合;二是教师对每个家庭的具体情况了解得还不够,这需要在以后的工作中加强交流。今天有两个家庭临时有事没参加,这两个家庭后期需要跟进,也许跟进就是新的教育契机。

江雪妈妈感悟：亲子家长会将这么久以来家长和孩子的亲密接触关系拉近了。老师温和的话语，随和又极具针对性的几个日常小问题，让家长和孩子一下子开启了话匣子。要是老师不问，不那样问，我可能都不会说出孩子那么多优秀的表现，也忘记了去及时鼓励孩子。今天在亲子家长会上，在孩子同学和家长朋友及老师面前，我肯定女儿的优良表现，对她说出妈妈发自内心的欣慰，这不仅仅是对孩子的鼓励，更是我们母女用心的一次交流，这是一次真正的亲子活动。相信接下来的日子，我和江雪一定不负时光，珍惜网课，珍惜独处，珍惜眼下一家人的亲密接触！

浩然妈妈感悟：亲子家长会让我们能够相互了解目前自己与其他同学在家学习的状态。这次在家上课的确有很多地方不能够与在校学习相比。然而也有一些让人欣慰的地方，比如孩子的自律性较之前提高了，家长与老师们的交流也多了。特别是此次全员育人亲子家长会，通过小组学习交流，大家获得进一步提高。

建设班级铁三角,助力学生自奋蹄

一、班会背景

学校教育层面:学校重视加强家校合作,与家长进行密切的交流和合作,共同关注学生的发展和学习情况,营造良好的学习氛围。

高中学生层面:期中考试之后,学生、教师、家长都需要阶段性总结来继续前进,学生学习的好方法、家长的好做法、任课教师的好建议也需要通过班会总结来对班级总体进行提升。部分学生在期中前学习状态不够饱满,学习态度不够端正,正需要期中总结来认清现状,面对现实。

二、班会目标

认知目标:学习优秀学习方法,增强自我认知,自我激励。

情感目标:凝聚班级师生、生生、家校情感,集体发力,抱团备考。

美育目标:感受课堂上的人情之美,奋斗之美。

三、班会准备

班主任邀请部分家长和任课老师参与班会。

四、班会流程

环节一:期中前的班级工作总结

从班级情感、凝聚力和习惯养成三个方面进行总结。

(设计意图:生活习惯与学习习惯养成教育重在培养学生自律与自省。既然是班级期中前的工作总结,班主任有必要关注班级情感与凝聚力。)

环节二:优秀学习方法总结

云昊:这次我的期中考试成绩总体来说不理想,但较上一次的阶段性考试,语文成绩有了很大的进步。

我认为进步的原因主要有两点:第一,在阶段性考试中基础知识丢分太多,很大一部分原因是背诵不扎实。这段时间我充分利用放学路上、睡前等碎片化

时间背诵老师重点强调的课文段落，并通过默写加深记忆。

第二，树立目标。阶段性考试不理想，促使我反思并给自己制定了一个小目标，有明确目标才会有努力的方向。对于同学们来说，这个目标可以是达到一个名次，也可以是超越一位同学，这都能激励我们更加努力，在下一次考试中取得理想的成绩。

最后感谢语文老师激发了我学习语文的兴趣，希望在您的帮助指导下我的语文会取得更好成绩。谢谢大家！

栋良：老师、同学们好，我的学习体会分享如下。

（1）不偏科。学习就像打仗，有一科薄弱就很难在分数和名次上有所提升，各科应齐头并进。因为其他科再好也难以补救薄弱学科失掉的分数。

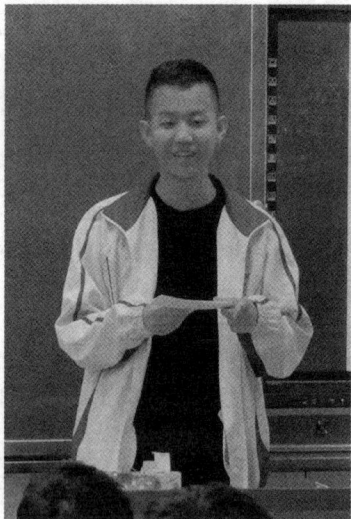

（2）认真听讲。课上所讲的都是基础知识，在此之上又加深难度，只要好好听讲，跟上老师的思路，考试时所有的基础知识题就得心应手，然后就能有时间做难度大的题。因此，上课一定要认真听讲，不要一知半解地应付老师，正所谓欺人而自欺。

（3）细心。无论做什么样的题一定稳、准、狠。做题时审题至关重要，切忌急功近利，一旦看准题型，套用了平时老师讲的和自己所做的题的思路，就不要犹豫，快速答题。

同学们，学习来不得儿戏，让我们在有限的时间里为我们无限的前途努力吧！谢谢老师、同学们！

阿格：我和大家谈一个老生常谈的问题，那就是学习态度。学习态度会很大程度上决定学习效果。拿我自身来说，也许是特别喜欢地理的原因，我在地理学科上的学习态度与其他科的态度是不同的。有一次语文早自习，老师让我背诵古诗,我欣赏着窗外的美景然后就忘了,老师说我的学习效率只有30%,小学生水平;我反思了一下,确实太低了。而在地理课上听讲比较认真,效率可能是80%,故而地理一科基础知识比其他科目要扎实,所以说学习态度决定学习效率。我以后要端正自己的学习态度,提高学习效率,学好每一科,希望大家也是,让我们一起加油!

(设计意图:在高中阶段,同伴的榜样力量是强大的。每一位同学到讲台上分享都会收获如潮的掌声,可见这种教学方式非常受学生欢迎。优先发言的同学作为同伴榜样,通过展示自己的成绩和价值观,激励他人追求更好的自己,形成良性的竞争和进步氛围,同学看到同伴的成功和成就,也会激发自己的动力和热情,相信自己也能取得类似的成就。)

环节三:家长经验分享

继楠妈妈:继楠的目标是华东理工大学,非常向往,我们把最低的录取分数线都列出来了,638分。每次把成绩罗列出来,还差多少,我都贴在他学习桌的墙上,非常醒目,随时都在提醒。必须一点点进步,才有希望,所以我们尽最大的努力去争取,不留遗憾。

云昊妈妈:昨晚云昊回家,就期中考试成绩我俩聊了一会儿,成绩整体来说不理想。然而语文成绩出乎我的意料,111分,我有点不相信自己的耳朵,我说这是你高中以来最好的语文成绩了吧。我们还聊到了关于"综招"的

话题,没想到他说,他不想在省内上大学,要去南方。好男儿志在四方,我最怕他囿于一隅做井底之蛙。年轻人就应该去看看外面的世界,去探索未知,去领略不同的风景,这样有一天他回来也许会更珍惜眼前的美好。如今他受老师影响,竟然有了想走出去的想法,我这颗激动的老母亲的心啊,岂是用欣喜不已能形容的!

自云昊读高中以来,全家早出晚归,每日疲于奔波,孩子回家就吃饭、睡觉、写作业,家庭氛围时紧时松,好久没有这样和孩子好好聊天了,看他日渐进步成长,我内心起伏久久不能平静……感谢老师给予孩子的不只是知识,还有爱、感动、品格和探索未来的勇气,这必将是云昊人生之路上的一道光,照亮无限未来。

班主任回复：感谢继楠妈妈分享育子经验，感谢云昊妈妈对老师、云昊的肯定。家长开明又关注孩子的成长，真令人惊喜。云昊妈妈文采斐然，继楠妈妈目标精准，相信同学们的成绩会越来越好，成长之路也会越来越宽广。可怜天下父母心，相信同学们分享了家长短信之后，内心也会多有触动。我们的父母大部分人到中年，上有老下有小，生活不容易。同学们如果能够理解父母，用力用功，以自己的奋斗博父母欣慰一笑，这也是值得的。更何况，我们生来就被父母赋予生命的力量，希望大家自己激活自己，自己告诉自己：青春，如果没有一场轰轰烈烈的奋斗，那，还叫什么青春！

（设计意图：在班会中加入家长的发言会格外增加学生的课堂注意力。可能家长的很多话也是学生熟悉的，但是在班会中以另外一种方式表达出来，对于学生来说还是非常有吸引力的。）

环节四：教师总结与建议

英语课李坤老师：英语增加阅读量非常重要，每天至少读 3 篇阅读材料。除老师布置的作业之外，同学们日常和周末都需要自己加强阅读练习。我建议自备一本英语阅读练习书，反复练习。平日阅读中的生词要记到词汇本上，每天都要花 5 分钟翻看一下，提高单词的复现率。听力要求大家全对，满分拿到手。听力错题超过 4 个的同学需要加强练习。

八班的同学要端正学习态度，从提高阅读量和单词量两个方面着手来提高英语成绩。英语学习要求认真和勤奋，想得到好成绩，必须付出努力。

化学课谭辉老师：化学反应原理难度大，课时紧张，是高考的重点考察内容。老师采用学案导学、督促同学们记笔记，用每日一练、每周一测、专题突破等形式，消除同学们的学习弱点，培养答题策略和答题习惯。咱们每天收"每日一练"，每周收不少于 2 次的习题册进行检查，每周一我会检查笔记，请大家好好配合。

学习方法：①上课认真听讲，及时跟上老师的思路，积极思考；②做好笔记，完成当堂练习；③及时完成并上交作业；④考试题及时纠错并反思考试出现的问题。

班主任总结：

(1)拼搏才是这间教室的主旋律，浓厚学风从抓行动力做起。

(2)从未真正开始与在障碍前面不停徘徊都是假装努力。

(3)身体管理、情绪管理、时间管理到位了，略有一点小才华往往可以复利。

(4)班主任午休前，大课间故意留白，给同学们自由交流、快乐成长的空间，部分同学把成长的空间当成偷闲的空子,不自律,这是辜负了老师的良苦用心。

(5)同学们大课间可以到老师办公室虚心请教,这个时段最好与成绩好的同学探讨各种类型题目。

(6)永远不放弃,永远真努力。

(7)学生真正尊敬的是付出努力的同伴。

(设计意图:班级不是班主任的班级,将任课教师纳入班级立德树人的教学过程,这也是"三全育人"理念下的教学实践。)

家委会成员明阳妈妈总结:

尊敬的曹老师,各位任课教师、各位家长:

大家好! 今天的班会有点感悟想与大家分享,也希望家长们把自己的感想一起分享,我们互相学习!

在校家长会、班家长会上,高主任和曹老师都提到了一个关键性的话题——家校协同育人,形成合力。教育的效果取决于学校和家庭合作的一致性! 家校共育,势在必行!

从今天班会和校会的交流中,我们了解了学校做的工作和班主任为这个新班级所付出的努力与良苦用心。曹老师不论班主任工作还是教学工作都非常有能力和经验。"家"是一个非常有感染力的主题,我们是这个大家庭的一分子,曹老师是我们的大家长、领路人。正如曹老师所说:"我们是一个等边三角形。"我们的力量须均衡,要各司其职,彼此依靠,彼此支撑,紧密联系在一起! 我个人有个小小的建议——利用好曹老师创建的班级学习群平台,让其充分发挥作用,各任课教师尽量多反馈孩子在校的学习情况以及对孩子存在问题的解决办法和建议,家长要积极跟上节奏。优秀同学家长请多多分享孩子的学习经验和育儿经验,形成双向交流互动。希望班级能在曹老师前期工作的引领下,乘胜追击,把学习成绩拉动上去!

正能量的磁场会感染每一位孩子。研究表明,21 天以上重复会形成习惯,85 天重复会形成稳定的习惯! 只要我们目标一致,心劲儿一致,步伐一致,坚持到高考,相信"物历"八班的同学们都能圆梦心仪的大学!

反思·目标·学习力

一、班会背景

学校教育层面：班级文化建设是学校教育管理的一项重要内容。建设良好的班级文化，可以促进学生的自我管理和自我约束，提高班级的凝聚力，有利于教育管理的有效实施。

高中学生层面：进入春天，师生共同经历了一次纪律危机。开学第三个周，高二八班学生们春节攒的学习热情开始衰退。班级在周末发生了一系列的纪律事件，而且还有每况愈下的态势。周末，班主任心急如焚，给学生们写了一封公开信，指出班级现状，并要求每位学生读后给班主任回一封信。

何苦撞了南墙才知要回头
——2021年3月曹老师给青岛十七中2019级八班同学的一封公开信

大家好：

今晨在学校公告栏里看到昨晚值班老师的晚自习记录，这个结果真让人遗憾。

可能大家自己觉得自己还不错，只是每节自习课安静得比较晚而已，但是横向比较，我们不但被落在后面了，而且还有继续下滑之态势，所以在给过大家几次机会之后，从今晚起咱班家长驻班督促晚自习。自律不行，只好借助他律来监督，只是辛苦家长，辛辛苦苦工作一天，再来看晚自习，第二天还要继续上班，身心都会很劳累。

近来班级有一系列的纪律事件，通报如下：

（1）上周六下午第3节课，7位男同学违反自习纪律到操场上踢球，被年级主任抓住，差点被全校通报批评，这几位同学周一早晨提交检查并当众检讨，但是从后来几天的常规检查情况来看，依然有不穿校服、课间迟到等行为，明显缺乏道歉诚意。

（2）上学期有4位同学因为手机问题被全校通报批评，本学期个别同学还有人带手机，只是没被抓住而已。

（3）上学期因手机被通报的两位男同学本学期又烫头入校，发型直到现在都不合格。

(4)男生宿舍,4位同学因晚休说话且宿舍有不倒垃圾的现象,被学校停宿两周。

(5)晚自习纪律打分持续走低。

曹老师发现,言辞的点拨、善意的劝阻对八班的部分男同学如同东风过耳。这些同学只有在被全班当众批评或者受到全校通报批评的时候才知道收敛自己的行为。要知道全校通报批评的后果,不仅是自己丢人,而且在山东省教育云平台品行会被记录为"D"等级(一旦上传不能修改),班级荣誉受损,家庭荣誉受损。长此以往,自己也必继续受损。

情感是我们这个班级一直在用心培养的。电影《你好,李焕英》是学科德育内容,很多同学感动于母爱的伟大、宽容,内心受到很大的触动。我们师生相处了大半年,每一次活动,每一次班会,都是一次感情的积累。如果哪位同学对班级感情淡薄,你反思一下,是不是为班级付出少了。不付出,所以不珍惜。

道德有一部分是天生的,人人生而皆有羞恶之心、是非之心。我们班的家长每天按时把同学们送到学校里来读书,甚至在下雨、下雪天的早晨都很少有迟到的。他们给同学们做了很好的榜样。可是不少同学课间迟到严重,拿着午休、晚自习、下午课间迟到不当回事,这就是眼睛里看不到父母的言传与身教。

其次老师也在起示范作用。曹老师要求大家七点进班,自己也是这样做的,即便是周六,只要身体无恙,基本上和大家一起到校。有的同学认为曹老师抓得不严,他心目中的严就是老师时刻盯着,说着,管着,请家长,撵回家,声情并茂声色俱厉声泪俱下才是严。他看不到曹老师要求同学们做到的自己也在积极地做,这是身教。所以俊毅学长说,很怕曹老师,因为曹老师要求学生做到的,自己也会做到。他不是怕我,他是敬畏自己心中的道德律。因为他看见了老师亲自在同学们前面引领大家,以身示范,他知道老师教的是正确的,懂得自己接受的是好的教育,他的"怕曹老师"是怕达不到自己对自己的要求。不是所有的学生都需要严厉的语言、棍棒伺候才知道应该怎么做,如果你必须受学校的通报批评才知道回头,那是缺乏自我反省精神,没有自我成长意识。要么浑浑噩噩盲目度日,对自己没有明确要求;要么角色混乱,把学校当成了家,以为这里也是万事围着自己转;要么不懂集体生活的意义。在学校里努力培养的习惯正是为未来适应社会打基础。

学校的惩罚惩治功能有限,学校修理不了的,将来社会会继续修理,那带来的伤害与疼痛,岂是一纸"全校通报令"所能相比。知书而不明理,这书就白读了。荀子说:"君子博学而日参省乎己,则知明而行无过矣。"既然整个班级晚自习行为有过,那么请大家好好自我反省:春来万物萌动,你的萌动是蠢蠢欲动,还是自我生长、自我勃发?

　　此致
祝进步!

曹春梅

2021 年 3 月 18 日

二、班会目标

知识目标:了解反思的重要性,建立学习目标。

情感目标:建立与任课教师的联结,促进学生与班级、任课教师的情感。

美育目标:认真反思,增加学习力,感受成长之美。

三、班会准备

教师提前与青年教师刘咏姝联系,请她发言并激励学生。

四、班会流程

环节一:学生自我反思

介绍本次班会的背景,请同学们用下列句式反思一周来的自我表现:"我做到了……我的不足是……不足的原因是……我将改进……"并进行小组分享。

敏敏:本周我做到了认真听讲,我的不足是作业完成得不够理想。不足的原因是时间分配不够合理,我将改进我自己做事情拖拖拉拉的习惯,提高学习效率。

浩生:本周我做到了认真学习,我的不足是没有利用碎片时间完成文科知识的背诵,不足的原因是和同学聊天太多,打篮球太多,我将改进这一点。

(设计思路:这个环节是让学生增加对自己的反思力,通过反思提高学生的认识能力和学习力。在小组中分享是让学生放下思想负担,将自己最真实的表现分享给组内的其他成员。)

环节二:分享学生给班主任的回信内容

阿杰:学生中不遵守规则的情况大体可分为两种,一种是思想及行为还不成熟。小孩子的共同特点就是不听话,他们会害怕规则,可是也会忘记规则。当他的玩性大发的时候,规则也就抛之脑后。

我在近一两年的时间里,在不穿校服的情况下,走在大街上,很多人已经不把我当作小朋友了,他们会像对待一个成年人一样对待我。那时,我才意识到自己已经逐渐长大了,应该去担负起一些责任。首先是对自己负责,其次是对他人负责,应该遵守那些明文规定的条例,还有一些潜在的默认的公序良俗。如果不遵守或打破,没有人会把我当作小孩子宽恕。我们生活在规则框架下,并不意味着我们要像机器人一样毫无自由,我们可以灵活一些,可心中始终要有一杆秤来保持平衡。

另一种则是认为自己已经成熟,已经不再是小孩子,会认为规则是对自己的束缚压制,因此会无视规则,打破规则。老师和家长的监管属于外力,外力很难驱动一个人的内心。

(设计思路:这个环节拿出阿杰的反思来分享,就是让学生意识到自己已经从身高、体重上不再是一个孩子了,所以不能将自己当作小孩子一样去挑战规则或者忘记规则;另一方面,阿杰对违反规则的两个方面的分析也很到位,可以给其他同学特别是那些经常违反规则的同学警醒并促使他们成熟。)

环节三:分享具有反思力的学生呼吁

自己做自己的榜样

一鸣

尊敬的曹老师、亲爱的同学们:

大家好!上一周八班整体浮躁,纪律欠佳。为此曹老师特意写了一封信给我们,我十分真诚地仔细阅读了班主任对我们的告诫,并在一周时间内取得了一定的进步。

在信中,您说我们的家长每天早上按时送我们上学,体现出他们的高标准。您和我们共同进班为我们树立了榜样。您说知书是为了明理,犯错允许反省。我们在平常学习生活中并没有做到"日参省乎己",于情于理也无法体会到"知明而行无过矣",真深感惭愧和自责,我决定在日后的学习与生活中,对八班付出且珍惜,对父母、老师知恩且懂报答,自己做自己的榜样。

自己做自己的榜样,不单单是自己对自己有高标准,还要知道反省,懂得自控,对自己有要求,对万物有准则。要明白家长、老师、学校这样千辛万苦培养我们到底是为了什么。他们是想让我们不把盲目度日变成生活的常态;是想让我们以后如果没有引路人在身边,能够自律自强;是想让我们从小懂得集体生活的意义;是想让我们将来步入社会少受批评的苦,多点进步的甜。

昨天看完电影《你好,李焕英》,虽说是再次观影,但仍让我感动,晓玲正是把当时母亲李焕英吃的苦，对自己的付出看在眼里，把对母亲的承诺作为对自己的鞭策，才成就了自己的人生。

高中应是一个拼搏努力的学段。正如曹老师告诉我们的，青春如果没有一场日后回想起来令自己热泪盈眶的奋斗，青春还叫什么青春！是的，高中应该是我们人生中回想起来最为劳累而又甜蜜的时光，也是最能改变人生命运的时光，所以我们本就应在思维上发生转变。十年的学习时光到了关键的时刻，"要我学"变为"我要学"，哪里还有工夫在自习课说闲话？

"黄沙百战穿金甲，不破楼兰终不还"，我们真心希望我们的班级能够成为最好的班集体，希望同学也早日明白这一年零六十天对于我们的重要意义，要知道人一生能改变自己命运的时候可不多啊！

衷心希望我们有"为得钢骨洒热血，我命由我不由天"的精神，希望八班因你成为最好的班级，你因八班成为最好的个人。

谢谢大家！

（设计思路：这个环节结合着电影《你好，李焕英》让学生从感恩的角度，从理解老师是同行的引路人的角度，通过知恩感恩的角度提出自己做自己的榜样的主张，最后发出呼告。虽然标语口号式的呼告可能对某些学生来说，影响力也就是三分钟热度，可是这些简短的句子天长地久地在耳边萦绕还是会对学生的品质起到潜移默化的影响。）

环节四：分享信息科技小组的作品介绍

（设计思路：这个环节因为学生的作品不宜公开，所以就不详细陈述。设计这个环节主要想表达的是，很多人在自律、学习力上出的问题，终其根源是生活没有目标。通过2个展示学生科学作品的视频可以让没有目标的学生看一看有目标的同伴的精神状态、科学探索成绩、认真严谨的作风和精益求精的制作到底是什么样，从而找到差距，自我激励。八班学生都选物理，所以多数同学对同班同学的科技制作非常感兴趣，由此也反思有目标和没有目标的人有什么不一样。这个环节也有过渡的作用，整节班会从这里进入第二层——学习要有目标。）

环节五：陕西师范大学毕业的免费师范生刘咏姝老师励志发言

心怀目标　放眼未来

大家好，这一次中美高层对话，大家都关注到中国首席翻译官张京。据说从初中起，她就有一个梦想，从未改变过，那就是成为一名优秀的中华人民共和国外交官。成绩优秀的张京高考是可以考取清华、北大的，不过最终她还是选择了外交学院。2003 年,张京以优异的成绩被保送到外交学院英语专业,初步完成了她的小目标。虽然老师、同学都为她感到可惜,张京却非常高兴,因为这代表着她离梦想又更近了一步——当一名外交官为自己的国家宣传,让其他国家也感受到中国外交的实力。目标、梦想对于一个人的成长,指引性是非常大的。目标有大有小,大的目标叫理想、梦想,可以是对未来职业的选择,对人生的规划;小的目标,可以是一个周的目标、一天要完成的学习任务、本次考试要达到的名次。有目标的人能够有效地避免浑浑噩噩的生活状态。同学们,如果你有时候觉得自己不明白自己为什么而学习,不明白自己为什么要坐在这里吃苦,为什么春光明媚不能出去踏青,那就想想你的目标,你就会有动力,有激励自己的勇气,不断前行。你如果能有一个明确的目标,不管是大是小,自然会带动学习力,让你自律、上进,遵守学校的纪律,能够用好点点滴滴的时间。除了刚才讲的张京,还有周恩来"为中华之崛起而读书",这是心怀天下、忧国忧民的伟人所立下的目标。虽然现在没有战乱,但是目标立在自己身上,让自己立足于社会也是为了国家,为了民族不断地发展。

国外某大学曾经做过一个历时 20 年的调查,当时调查了几百个人,问他们有目标吗? 96% 的人回答没有目标,4% 的人说有目标,并且会把它写在桌子上,把它记在本子上。20 年再次去调查,观察家发现这 4% 的人创造的价值比 96% 的人创造的价值都要大。所以成名要趁早,我们立下目标、立下人生的理想、人生的志向也要趁早。

目标有大有小,我觉得大家在现在这个阶段,可以立一个本周学习目标——要完成几篇课文的背诵,通过几个单元的文言文书下注释小考核。再立本学期的学习目标——期末考试达到什么程度。有目标的人是了不起的,实现目标需要付出艰辛努力,需要漫长的时间,但只要这个目标像启明星一样一直指引着你的人生,前途就会非常光明。为什么让大家立目标要去一个好的学校呢? 好的学校给学生的平台是完全不一样的,学校提供给你的资源也是完全不一样的。所以说希望大家能认真学习,不是为了眼下,而是为了将来,为了将来能够有选择的权利。

(设计思路:这个环节请刘咏妹老师来发言,主要是因为刘老师是毕业于 211 院校的免费师范生,年龄跟学生非常接近,话语系统与学生也基本一致,刘老师的话对学生来说具有比较好的教育效果。刘老师是中文系毕业,形象好,语言表达能力强,这次分享开阔了学生的视野,让学生不拘囿于一事一物,师生都受益匪浅。)

环节六:结束语

生活不是等风暴过去才开始,而是学会在风暴中展开、振动翅膀,因为风暴中的翅膀才是最坚硬的翅膀。让我们明确目标,坚定信念,勇敢向前,拥有巨大的学习力。

(设计思路:这个环节画龙点睛,言简意赅最好。)

教师反思:今天的班会从一封公开信开始,班主任面对班级出现的问题,整合学校的青年教师资源,帮助学生反思,建立目标意识,进而增强教育效果。会后反思,对纪律乱的班级,仅有"德治"是不够的,学生的很多习惯已经养成,要改正谈何容易,校规班规的"法治"必须跟上才能取得理想的教育效果。

听课老师评价:今天一早看到这节班会课,感觉自己仿佛又回到了难忘的高中时代,虽然已经毕业 20 多年了,但看到这些文字还是很振奋人心!个人认为,学习最重要的法宝就是全身心投入,只要全身心投入学习,就会越学越喜欢,越学越快乐,根本停不下来。而能够让你全身心投入学习的一个重要驱动就是"获得成就感",要想获得成就感就必须有"目标"。很多学生可能没有目标,或者只有模糊的目标,但要想取得成功,必须有明确具体的目标。目标不要很容易实现,而要一旦实现就会非常兴奋,即使自己现在的实力与目标相去甚远,但是只要把这个目标变成实实在在的做法,你就会全身心投入学习中。大概有些同学会认为"我如果做不好怎么办? 多丢人啊",可是,如果因为做不到或者怕丢人而始终不付诸行动,就永远无法开始。即使做不到,也不要怕丢人,重要的是大胆地迈出第一步。

家校携手,冲刺高考

一、班会背景

学校教育层面:2022 年 3 月 13 日,因疫情,青岛十七中曹春梅老师在学校德育部门的引领下,经高晓颜、毛淑艳、王丽丽等资深班主任的指导,召开本班的线上亲子家长会。

高中学生层面:班级网课中,家长对孩子各方面的影响、监督很重要,家长会的分量也较以往大大增加。

二、班会目标

认知目标:家长和学生需要提前了解网课的要求,摆正心态,以达到与在学校上课一样的学习效果。

情感目标:融合家长与学生的亲子关系,融合师生关系、生生关系。

美育目标:同伴干净、整洁的学习桌,会激发学生尚美的模仿。

三、班会准备

教师准备精美的课件,学生居家学习的图片。

四、班会流程

环节一：班主任引导家长和学生学习网课注意事项

班主任发言

尊敬的家长朋友，亲爱的同学们：

大家好！感谢大家一直以来对学校各项工作的支持与配合。网课期间，请家长朋友继续关注以下七个事项。

（1）打印好课程表和时间表，督促孩子按时起床，按时休息，不迟到，不早退，按时上课，按时完成课后作业。

（2）提前调好网络，保证网络畅通。提前准备好耳麦、摄像头、打印机，尽量使用电脑或平板。

（3）周二以前给孩子写一封鼓励信，电子稿请发给班主任。照顾好孩子的生活，提供干净整洁的房间和书桌、明亮的灯光，其他与学习无关的东西不要放在书桌上。

（4）注意自己的言行，多看书学习，言传身教，影响孩子。切不可自身懒惰却过分指责孩子，更要避免对孩子表达过分的言语，影响孩子的精神世界。

（5）根据孩子平时的学习情况，对孩子的学习态度、学习习惯有一个合理的预期，注意关注重点，不要事无巨细，比如在上课过程中尽量不要给孩子端茶倒水送水果，保证上课过程中孩子能够完全集中注意力。

（6）每天两次按时上报孩子体温。若体温异常或者身体有其他异常状况，可就近前往发热门诊或定点医院就诊。

（7）多观察，做好孩子的心理疏通工作，正向引导。

下面展示几位同学的学习桌。

同学们需要注意：

（1）按时起床，按时休息，按时完成学习任务，严格按照作息时间表进行。

课前(至少提前 10 分钟)准备好相关物品,固定上课地点,上课全程穿校服,注意仪容仪表,上课要有仪式感。周二以前给爸爸妈妈写一封回信。

(2)保持正确的坐姿,离屏幕距离适当,不低头,不趴着。下课休息期间不能继续看屏幕,不在公屏里聊天发图片。可以起身活动、做广播体操、眼保健操(先洗手)、眺望远方,每天还要保证一定的运动量。

(3)屏蔽诱惑,关闭手机,不要一边听网课一边玩手机。重点是书桌上的笔记本,45 分钟后,看看笔记本上都留下了什么,不允许图省事截屏,请跟上老师的节奏,用笔记下来重点,保证自己学习时心无旁骛。

(4)设立具体的目标清单,完成一个目标后打上对钩,可以收获完成任务的成就感,提高学习的兴趣和积极性,以激发自己的内驱力。

(5)上课期间,不允许随便走动、吃东西、喝水。在课堂上,老师连麦要第一时间回应。

(6)当天的作业当天必须完成,在 APP 上提交,网课结束后,班级汇总表彰优秀个人和小组。

谢谢大家!

(设计意图:教师通过网络指导家长,要求一定要具体,让家长与学生有的放矢。两张学习桌的图片展示可以看得出,学习桌都很干净整齐,平板放置端正,有利于提高学习效率。)

环节二:家长代表和学生代表发言

家长代表云昊妈妈发言

曹老师、各位家长朋友、同学们:

大家好!

首先感谢曹老师给我这次机会,也很高兴能和大家一起分享作为一个高三家长现在的心情。

学校通知上网课的这一天,咱班级群内的信息像雪花一样,通知返校拿课本,拿卷子,各科老师发上课码,虽然有点紧张,但是有条不紊。我觉得老师和家长们也很淡定,毕竟我们都有过高一上网课的经验。

既来之,则安之。既然开启了居家学习模式,作为家长的我们首先要放平心态,不要抱怨,而是做好应对,配合老师把需要准备的设备和资料备齐,然后做好后勤保障。因为我和云昊爸爸平时都上班,家里没有人给云昊做饭。今天晚上下班后我去超市买了一堆吃的,回家分门别类放好。我还开玩笑地跟云昊说,我以后不用每天晚上睡觉前给你准备干果了,你自己剥着吃得了。云昊说,你放那儿,我想吃什么抓什么就行。我想起下午在群里看到曹老师拍的孩子们返校拿书的照片,还有一位妈妈在校门口拍的空荡荡的校园,当时内心沉重又难过。

所以特别想对孩子们说,拼一把,不要辜负了自己的青春,不要辜负了老师的期望,在不在校学习状态都要一样。只管努力就好,老师和家长会做你们最有力的保障。也祝同学们能够早日回到校园,继续一起打拼屈指可数的时光。

以上就是我的一些感想,在这里,感谢各科老师对孩子们的付出,也提前祝我们班的孩子们都能考上心仪的大学,谢谢大家!

学生代表泽润发言

亲爱的老师们、家长们、同学们:

大家晚上好!

非常荣幸能代表同学们在这里发言,与老师们可能对我们线上学习质量的担心相比,我对我们的线上学习充满信心。与大家一同奋斗了近两年时间,我十分清楚,班里有很多同学拥有极强的自律性,能够很好地控制自己,比如孜奕同学、文哲同学,他们都能很好地完成自己制定的学习目标,朝着更高的水平前进。

当然也不乏一些同学自律性可能没有那么高,他们在家中学习很难进入状态,很难取得学习效果。或许他们会就此放弃,那为什么不从现在开始改变呢?没有过晚地开始,只有过早地放弃。与其继续网课摆烂,不如此刻背水一战,从现在开始,放下游戏中的枪,拿起刷题的笔,忘掉你那最熟悉的"英雄",让数学大题成为最得心应手的"武器"。相信居家学习的我们,终将在高考中取得胜利,加油!

我的发言到此结束,谢谢大家!

(设计意图:网课对家长和孩子来说,是一个巨大的考验。请家长和学生代表发言,其实也是借助家长和学生的力量,向全班同学发出倡议,表达决心。)

环节三:展示亲子书信沟通

亲爱的宝贝:

时间飞逝,在这紧张的日子里,所有学校停课,只能在家上网课。既来之,则安之,妈妈希望你能把心情调整好,跟上老师的步伐,认真上好每一节课。制订好自己的学习计划,认真做好各科老师布置的作业,自习时间规划好,提高自律性,在家的网课同样可以收获到好的学习效果。

春天是希望的季节，相信网课会很快结束。重返校园，努力拼搏！快马加鞭，勇往向前！

爱你的妈妈

亲爱的妈妈：

看过您的信后我希望您不用担心，我会尽力做到最好！学习上我会上课认真听讲，课后认真完成作业，认真对待每一节课。特殊时期每个人都需要克服困难，我想坚持上网课这不算什么困难，感谢各科老师的辛勤付出，也谢谢爸爸妈妈的细心照顾，只需认真学习的我唯有努力！鲜衣怒马少年时，不负韶华行且知。我会加倍努力，争取做到更好！不负青春，不负自己！

您的宝贝

儿子：

在这紧张的网课前夕，作为陪你一起笑过，一起伤心过，一起奋斗过的妈妈，我想对你说几句话。

在我小时候，我的母亲对我说过一句话：家有万贯不如薄技在身。我深深记住，也深深知道，一个人不要安逸于现状，更不能依靠别人生存，只有靠自己才能走得稳且远。所以，在以后的日子里，你一定要把一切不利于你学习的因素丢掉，利用一切可以利用的环境和时间好好奋斗，给高中三年画上一个圆满的句号。现在的努力才是你以后骄傲且美好的回忆。

虽然我迫切希望你成才，但我不会在你身上强加我的意愿，你可以有自己的梦想，并为之奋斗，我不问你是否成功，我只想看你为梦想而全力以赴的样子。

儿子，我希望你不要忘记帮助过你的每一个人，真诚对待你的恩师、同学。因为一个人只有先做人后做事，才能达到人生巅峰。

妈妈

亲爱的爸妈：

想到日后将远赴他乡求学，心中甚是不平静……

从出生的那一刻，你们便在我的身上倾注了满腔的爱。在你们的悉心抚养下，我茁壮成长，长成你们心中的骄傲。可我却有时调皮捣蛋，惹你们生气，你们却给了我莫大的宽容，现在想起来十分内疚。在此，我真诚地说一句："爸爸妈妈,等我踏足社会,一定踏实肯干,努力工作,让你们过得更幸福!"

儿子

(设计意图:特殊时期,亲人依偎在一起,互相取暖,不仅仅是物质层面的依赖,更重要的是精神层面的相互支持。本节班会课利用书信这种沟通方式,促进亲子关系进一步融合,也为学生居家学习做好了充分的铺垫。这些书信内容都发自内心,情真意切,看后令人动容。可见,班会课可以为亲子关系的进一步发展提供非常好的平台。)

教师反思:其实在某种程度上,只要认真上网课,师生的效率不会有太大的变化,所以网课前的动员特别重要。这节亲子班会课之所以要让学生和家长一起参与,就是让学生和家长一起明确学校的各项要求。学校、家长、学生三方紧密配合,将学生的课堂学习损失降到最低。从亲子书信互答上可以看得出,家长和学生借助班会的平台,情感融合得非常好。学校的宏观要求也经班会课细化成具体的措施,准确地传递给每一个家庭。凡事预则立,不预则废,这节班会课虽然简单,但是意义深远。

高一卓越班家长进课堂

一、班会背景

学校教育层面:初中学习与高中学习差异大,学习方法也需要进行相应调整,进行学法指导很有必要。

高中学生层面:学校刚进行阶段性检测,学生成绩虽然高低不一,但是总结反思的愿望都比较强烈,此时进行学法指导,效果更好。

二、班会目标

认知目标:学习优秀高中毕业生的学习方法,借鉴、尝试、寻找适合自己的学习方法。

情感目标:增强自信,向优秀的同学、毕业生学习,积聚力量、迎难而上。

美育目标:欣赏别人的优秀做法,敢于尝试、改变,让自己有更好发展。

三、班会准备

教师邀请家长。发言的同学、家长提前准备发言内容。

四、班会流程

环节一:部分学科"状元"交流优秀学法

江雪物理学习方法交流:

(1)我认为物理这门学科不需要刷大量的题,因为很多题的题型都是一样的,一类题中有几道做透做精,便可以举一反三了,再去挑战更高难度的题。

(2)想要把题做好,概念要记牢,公式一定要能熟练运用,

认清各个物理量,比如 T 表示的是相等的时间间隔,t 则表示时间。

(3)关于错题本和作业,作业一定认真写,不理解的地方要问老师,同一个类型的题错的次数多就一定要引起重视,这是个大漏洞,必须赶紧填补。错题本最重要的是做这道题的过程,写得越详细越好。选择题要把每一项的分析都认真写下来,大题把每一个步骤分析也写下来,这样一来,也就真正吃透了这道题。

物理是个很神奇的学科,刚开始学可能没听明白,但是在后续的做题过程中可能就豁然开朗了,对此我深有体会。所以,上课认认真真听讲,尽己所能,相信大家一定可以学习好物理!

乔和化学学习方法交流:

(1)先预习。要养成课前预习的习惯,大致了解课堂上要学什么。如果不懂,用自己明白的方式记录下这个问题,上课时认真聆听老师的话,记下答案。如果老师未解释问题,下课后尽快问,不要拖。

(2)先听课。上课时听讲是主要的,做笔记是次要的。我们的思维应该跟着老师走,不要因为记笔记而耽误听课。

(3)先复习。做作业前,应当在脑海中思考今天一天都学了什么,再对照笔记本进行梳理。作业只是巩固而已。

(4)改错题。改错方法因人而异,要选择适合自己的,不要有从众心理。错题也应分三六九等,考前时间不充裕时,先看自己标注出的最重要的,在时间充裕的情况下,再看其他错题。

嘉琪数学方法总结:

(1)认真写每次作业,不要临时抱佛脚,借同学作业抄完上交。

(2)注意听讲。

(3)一道应该用两分钟做完的题,用三分钟是错的,用一分钟也是错的。不图快,不急功近利。

(4)周末自主学习时间参考表:

6:00—8:00 头脑最为清醒,体力也很充沛,这是学习的黄金时段。

8:00—9:00 人的耐力处于最佳状态。

9:00—11:00 短期记忆效果很好。

13:00—14:00 休息或者写抄写作业。

15:00—16:00 此时长时期记忆效果特佳,可合理安排那些需"永久记忆"的学科知识。

17:00—18:00 这一阶段头脑再度清醒,是进行复杂计算和有难度作业的好时间。

环节二:邀请优秀高中毕业生,进行高中学习指导

我们邀请到一位特殊的优秀高中毕业生——怡君爸爸夏永玉先生,夏爸爸1992 年以优异成绩考入南开大学,曾在某高校任教多年。他为我们带来的讲座是《高中可以如何学习呢?》

夏永玉先生:

尊敬的徐老师,各位同学,刚才听到了几位同学介绍了自己在某一学科上的学习经验,我深受启发也深受触动,没有人能够随随便便成功,成功的背后必然蕴含着学习者艰辛的积累和用心的体会。站在这个讲台上,我很激动也很紧张,激动的是看见同学们,我感觉自己穿越回了 29 年前;紧张的是怕讲不好,29 年前的所谓经验不知是否适应于今天在座的各位。

刚才几位同学谈了具体学科的学习体会,我就从宏观上谈谈吧。简单地说,就是树立四种意识。

一是计划意识。一个学习优秀的学生一定是有较强计划性的学生。我们现在一个大脑同时要应对九门课,必须有计划,尤其是课下的自习计划。几点到几点做什么,做到什么程度什么标准,都应该在晚自习结束前把第二天的计划制订出来,然后不折不扣地执行。如果遇到特殊事情需要改变计划，过后必须另找时间补上。这里需强调的是，在做计划时一定要把"预习"这一重要项目列进去。不预习，在课堂上就会被牵着鼻子走；而预习了，学习就会有很强的针对性，带着问题学，效果大不一样。没有计划，学习就会毫无规划杂乱无章。计划成习惯，习惯成自然，这对提高成绩很有帮助。

二是积累意识。知识浩如烟海，我们光基础教育就要学习 12 年。"不积跬步无以至千里，不积小流无以成江海"，这个道理我们都懂，学知识要耐心，不可能毕其功于一役。这里重点强调的是错题总结心得的积累。有很多学生碍于面子，题做错了就不敢再做题了，这就是典型的讳疾忌医。成功都是建立在对无数错误反思的基础上的。现在多错一个，只要吸取教训了，便能保证我们在考场上少错一个，这就是辩证法。当然，前提是要反思错误，记住错误。如果对错误麻木不仁，那么错误永远就是错误；如果把错误当作切肤之痛来治疗，现在的错误就代表着将来的正确。这方面的经验教训积累多了，成绩也就提高了。其次，还要积累考试经验和考试状态。好的考试状态因人而异，平时要把好的考试状态储存起来，考试时随调随用。积累学习规律，将知识串成线，就是平时积累的结果。

三是向上意识。品德上要向上，不追求不健康的东西。学习上要向上，吾日三省吾身，自己跟自己比，每天都要反思自己提高了多少，下降了多少，要主动向上，尽量避免下降。比如玩手机，适当了解一下资讯可以，但如果沉湎于其中，那人生轨迹大概率会呈下滑态势，应及时纠正。要见贤思齐，见不贤而内自省，自己跟他人比，瞄准要超越的目标，超越的过程就是自我提高的过程。

四是精品意识。写文章要求"语不惊人死不休"，学习上也是这样，要较真。学习要追求卓越，咱们是卓越班，追求的就是精品。总成绩，学科成绩，每一道题，每一个知识点，都要高标准，严要求。我们老说训练是比赛的镜子，平时以精品的标准要求自己，考场上一定会给你回报。精品意识体现在考场上，就是尽可能减少一切低级错误，拼力冲刺难做的题。

树立四种意识的同时，同学们还需要三样东西：

健康的身体，这是前提。

坚强的内心，这是基础，尤其是提高抗挫折能力。

强烈的欲望，这是动力。

最后，我衷心祝愿我们卓越班全体同学，在徐老师的带领下，在全体师生的共同努力下，都能得偿所愿，共谱辉煌！

教师总结: 从同学们热烈的、长久的掌声中可以看出你们的欣赏、赞同还有满满的收获。夏爸爸提到积累,除了语文、英语等知识的积累外,强调错题积累,积累"经过反思的错题",这样的错题积累最有效。积累"考试状态",将好的状态存储起来,考试时调用,同学们可以尝试一下,也可以和夏叔叔作进一步交流。向上的意识、卓越的意识,除了有这样意识,还要付之于行动。

夏爸爸在分享过程中,列举高中知识,比如高中历史虽然学习各朝各代,但有五条主线……如数家珍,我们好生佩服! 这充分说明:用好的学习方法,可以学得好,记得牢。今天我们还有几位同学交流了学习方法,请同学们回去趁热打铁,将感兴趣的方法记下来,并尝试应用,相信学习会前进一大步!

夏爸爸送给大家一本自己写的书《爱,在穿行中沉淀》,38万字,同学们赞叹连连! 身边的榜样,会带给同学们无穷的力量!

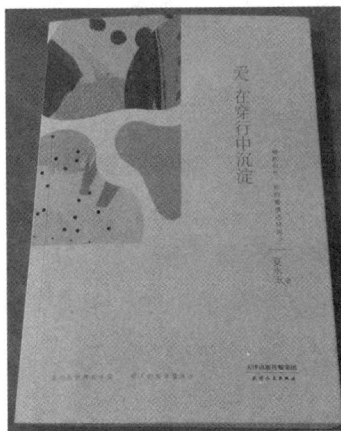

第三模块
理想信念

但愿人长久，千里共婵娟

一、班会背景

学校教育层面：每年中秋节前夕，学校都会给学生发月饼，并送上节日祝福。2023 年 9 月 18 日，为了让学生品尝今日甜，不忘国难耻，牢记"九一八"事变，青岛十七中 2022 级 5 班为月饼配上一只橘子，并召开"但愿人长久，千里共婵娟"主题班会。

高中学生层面：历史与传统节日相聚的时刻，正是学生最好的教育节点。抓住节点的德育是最有效率的德育。

二、班会目标

认知目标：学生认知中国的传统节日和"九一八"事变历史劫难日。

情感目标：学生通过品尝月饼和学习知识，增进爱国爱校爱班级的情感。

美育目标：本节课美丑对比震撼心灵，学生在新旧对比中加深了对中华民族美的认识。

三、班会准备

教师给每位学生准备一只橘子，"九一八"历史事件介绍的课件。

四、班会流程

环节一：副校长王世柱、年级主任高杰赠送月饼并表达祝福

高杰主任：同学们，中秋佳节将至，我和王校长谨代表学校给同学们送来月饼。开学以来，咱们五班一直表现得很好，在年级的各

项评比中表现出色,希望大家在传统节日到来之际,吃着月饼甜甜蜜蜜,好好学习更进一步!

（设计意图:班会课择日不如撞日,恰逢学校领导进班级给学生送月饼。所以班主任就借学校的这项教育活动,把它当作班会课的一个暖场环节。这是教育的智慧,紧紧抓住了教育的契机。）

环节二:历史课李子男老师讲述过去的故事

李子男老师:"九一八"事变,又称柳条湖事件,是 1931 年 9 月 18 日日本驻中国东北地区的关东军突然袭击沈阳,以武力侵占东北的事件。"九一八"事变是由日本蓄意制造并发动的侵华战争,是日本帝国主义企图以武力征服中国的开端,是中国抗日战争的起点,标志着中国局部抗战的开始,揭开了第二次世界大战东方战场的序幕。1931 年 9 月 18 日夜,盘踞在中国东北的日本关东军按照精心策划的阴谋,由铁道"守备队"炸毁沈阳柳条湖附近日本修筑的南满铁路路轨,并嫁祸于中国军队,日军以此为借口,炮轰中国东北军北大营,制造了震惊中外的"九一八"事变。次日,日军侵占沈阳,又陆续侵占了东北三省。1932 年 2 月,东北全境沦陷。此后,日本在中国东北建立了伪满洲国傀儡政权,开始了对东北人民长达 14 年的奴役和殖民统治,使东北 3000 多万同胞饱受亡国奴的痛苦。

"昭昭前事,惕惕后人。永矢弗谖,祈愿和平。"2014 年 12 月 13 日是第一个南京大屠杀死难者国家公祭日。习近平总书记为国家公祭鼎揭幕,并在《在南京大屠杀死难者国家公祭仪式上的讲话》引用了这几句被铭刻于国家公祭鼎上的铭文,以最为简单淳朴的语言,表达着人类亘古以来对于和平的追求。

（设计意图:讲历史最好是请历史老师。这是班主任整合班级任课教师资源,投入班会中的一项重要教育举措。）

环节三:师生分享月饼和橘子,感受当下甜蜜时光

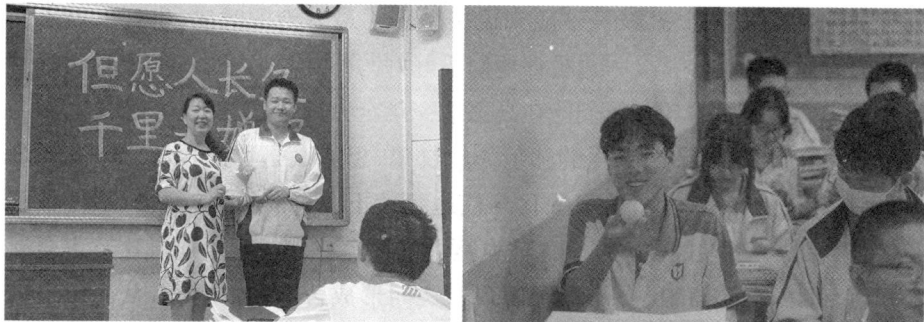

（设计意图:吃水果、吃月饼是融合人与人之间感情的重要教育活动。学生吃得甜甜蜜蜜,会更加感恩学校,感恩我们的祖国,并牢记历史,不忘努力前行。）

环节四:师生视频问候生病的英语课李坤老师

（设计意图:开这节班会课的时候,英语课李坤老师因为重感冒请病假在家里休息。李老师非常受学生的欢迎,作为班主任,让学生在节日对英语老师进行问候,也是培养学生学会表达自己的感情,让班级充满人情温暖的重要举措。）

环节五:合影留念,记住美好光阴

李坤老师感悟：我今天非常感动，谢谢孩子们。每到高三，感觉跟孩子们的师生关系就越来越亲密融洽，一般来说关系到了最融洽的时候，也到了孩子们毕业的时候。现在经常会一边批评他们不好好写作业，一边看着熬夜熬到眼睛红的孩子们心疼。希望孩子们能在高三这一年全力以赴，实现梦想！

班主任反思：这节课师生的感情如此真挚，思考又是如此深沉。纪念死难者，不是为了继续战争，将仇恨一代一代地延续下去，而是记住过去，不再重蹈覆辙，感恩为了现在的和平环境而流血牺牲的革命先辈。学生通过这节班会课的学习，可以在苦难的历史与甜蜜的现在之间形成苦和甜的对比，从而珍惜当下，热爱我们的祖国，热爱我们自己的传统文化。

学生文轩感悟：今天在班会课上听到了历史老师讲解"九一八"事变。这让我们感到要勿忘国耻，振兴中华。

学生明阳感悟：今天学校发的月饼非常甜，曹老师还给我们每个人发了一个水果。我特别喜欢上这样的班会课，有知识，有情感，有爱，有历史教训。

契约精神与 18 岁精神准备

一、班会背景

学校教育层面：高中校园文化会对学生的高远志向、个性发展和道德形成产生影响。学校文化涉及学校的价值观、行为规范和学生关系等方面，对学生的道德品质和人际关系形成影响。培养学生的契约精神是帮助学生建立高远志向的一种教育方法。

高中学生层面：2019 级八班有 40 名男同学，对于男生来说，培养契约精神，为 18 岁面对高考打好基础是未雨绸缪的教育行为。期中考试后，几个自习课纪律还可以更好的学生与班主任签订"君子协议"，对出勤和自习课纪律进行约束。班主任突然发现这个办法对高三的男同学比较有效。考虑"契约精神"也是学生成长中的必备品质，尤其是高考作文的重要素材，可一举两得，故召开此次班会，旨在引起学生对人际交往准则的注意，建立规则意识并学会理性面对自己的学习、纪律与生活。

二、班会目标

认知目标：了解契约精神的内涵，并与自己建立契约。

情感目标：将校团委书记引入班会中，增进集体中师生互助的情谊。

美育目标：感受奋斗之美，引导学生自己对自己说话算数，自己的事情自己干。

三、班会准备

教师准备卡纸、粗水彩笔。

四、班会流程

环节一：对契约进行破题

契约，最初是指双方或多方共同协议订立的有关买卖、抵押、租赁等关系的文书。稳固的产权和平等的交换，使得多次、重复的交易和博弈成为可能，于是背信弃义的人逐渐被淘汰，这直接推动了诚信，进而形成契约精神。

文字源流

契 qì 溪纽、月部；溪纽、霁韵、苦计切。
    qiè 溪纽、月部；溪纽、屑韵、苦结切。

（设计意图：界定核心概念，帮助学生认知契约精神的内涵。）

环节二：心目中的 18 岁

学生的概括大多集中在成长、担当、责任、权利、义务等词语上。

（设计意图：任何一节课，学生的生成都是宝贵中之最宝贵者。）

环节三：分享自己生活中可见可触的契约精神

学生分享的多为亲子之间的许诺与实现。

华科：中考后，妈妈说如果我能考上十七中，就带我去上海玩一趟，后来我考上了，妈妈就带我去了。我觉得妈妈很有契约精神。

加维：有一年暑假，我带妹妹去学轮滑，我答应她学会了就送她一个冰激凌，后来她学会了，我就用自己的零花钱给她买了一个，我说话算数。

多多：爬泰山的时候，到了山顶租军大衣御寒，每件很便宜，远远不止军大衣的钱，且不要押金，大衣的主人说用完了还回去就行。我们好借好还，感觉自己很有契约精神。

教师升华：人与人之间与生俱来的天分和财富是不平等的，但是可以在社会规范和法律权利上拥有完全的平等。

（设计意图：生活即教育，契约精神不是空中楼阁，它其实就存在于生活的点点滴滴中，需要教师启发学生睁开发现的眼睛。）

环节四：班级中的契约——"君子协议"

请签订"君子协议"的同学对近半个月来自己的自习情况进行总结，掌声的多与寡暗示协议的完成度。获得掌声最热烈的同学获赠一个大苹果！

（设计意图：群众的眼睛是雪亮的，让签订"君子协议"的同学一方面自律，一方面接受群众对自己自习纪律的监督，用掌声来作为评价的结果，虽然不能做到十分精准，但是学生的反馈基本上还是属实的。）

环节五:"我"与自己的契约

每年都有不少人到南美洲的原始森林探险,带路向导都是当地部落的人。当地人有一个十分奇怪的习惯,每走一段路就要唤一声自己的名字。当地人说这是为了防止自己的灵魂跟不上自己的躯体,他们得唤回自己。其实每个人都是自己命运的建筑师,只有不断唤醒自己,才能使自己的生命攀上高峰。

(1)回望去年班会上同学们自己为自己制定的目标。

青岛十七中 —— 大学或者目的地

写给自己一句话:

见证人:

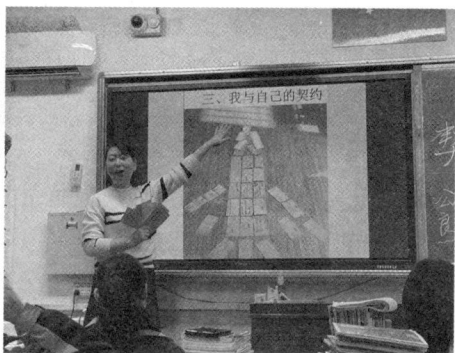

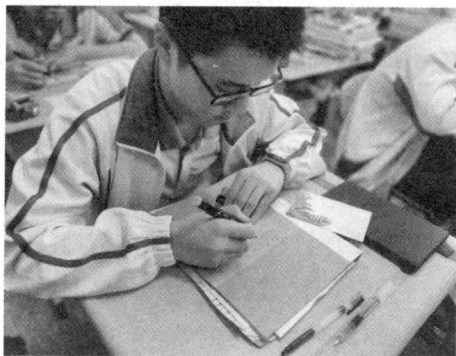

（2）重新抄写目标，审视自己与自己的契约。

（设计意图：温故而知新。随着时间的变化，学生的学习状态、个人意识、理想志向在不同程度上或多或少发生了改变。这个时候，重温自己一年前的奋斗目标，一方面会重新激发学习的斗志；另一方面伴随着成熟长大，学生们也会再次理性审视自己目标制定得是否恰当，是否付出了相应的努力去实现。这时候自己是否有契约精神就体现出来了。）

环节六：契约精神的反面

契约精神的反面分两个方面来看。

个人层面：当小孩子不遵守契约的时候，往往采取哭闹的方式掩饰。部分青少年如果触犯规则，会采用情绪解决问题，那也是心智不够成熟的表现，并且于事无补。成年人以遵守契约为社会生存法则，如果失信于这个社会，信用有污点，在未来的工作与婚姻中大概率会遭受挫折。

国家层面：每个国家与他国建立外交关系往往是附有一系列条件，违背契约也会遭遇断交。

师生探讨：如何保持契约精神？

阿奇：建立全面、严谨、严格的惩罚机制。

家伟：理性思考问题，不靠情绪解决问题。

同新：培养良好风气，引导人们有规则意识。

树龄：做不到的事情不要说。

浩成：要有责任与担当，愿赌服输。

教师反思：对于高中学生来说，理想志向最具体的表现就是自己未来要去哪个城市、哪所大学、读什么专业。虽然一年以前，班级就以这个话题隆重地召开过班会，可是学生的实际学习情况和学生的目标，在班主任看来，还是相去甚远。所以，一年过去了，学生有没有为自己的理想买单，付诸行动，还是仅仅像过家家一样，随意写一个名校的名字放在自己的飞机票上？这对学生的人生来说，是反思，也是重新出发的自我赋能。所以班主任设计了这样一堂班会课。2019级八班共有40位男生。对于大多数男生来说，他们很在意自己在别人的评价里是不是一个说话算数的人。既然如此,那么以契约精神为切入点展开的这次班会,让学生自我审视,自我赋能,积聚能量,重新出发就是非常有必要的。

学生维远感悟:去年老师让我们写自己的理想大学的时候,我写了上海交通大学,当时感觉跟闹着玩儿似的。现在当老师把这张票重新发回到我手中,看着自己一年前的承诺,我感觉这是一件很严肃的事情,我现在的努力还不够,还需要努力学习,才能实现自己的目标,不辜负老师的期望。

学生阿格感悟:我的目标是考上一所 211 学校。在这一年中,我上半学期还比较贪玩儿,下半学期就该开始努力了,因为我看到比我优秀的同学比我更努力。在成绩逐渐提高的过程中,我品尝到了学习的甜头儿,希望自己离目标院校越来越近,将来能顺利考进去。

喜迎二十大，爱党爱祖国

一、班会背景

学校教育层面：中华人民共和国成立 73 周年之际，党的二十大即将召开。学生对党和国家的感情一直在升温，此时此刻，班级非常适合开展以"爱国主义"为主题的班会，回顾革命历史征程，弘扬爱国主义精神，展望未来，为把学生培养成社会主义的建设者和接班人做准备。

高中学生层面：高一班级刚刚组建起来，班级文化建设需要注入宏大主题来引领学生立远志，展宏图，开拓胸怀，迎接崭新的未来。

二、班会目标

认知目标：通过毛泽东诗词的积累和情景剧表演，教师指导学生认知中国共产党与新中国的历史，了解党的二十大的知识。

情感目标：引导学生绘制自己 15 到 25 岁的生命线，认识个人发展与国家发展的关系。

美育目标：引导学生爱党爱祖国，喜迎二十大，为将来成为社会主义的建设者和接班人做准备。

三、班会准备

教师准备 50 张 15 厘米×40 厘米硬卡纸、粗记号笔、"一起向未来"手语操视频。

四、班会流程

环节一："一起向未来"手语操暖场

学生做"一起向未来"手语操。

（设计意图：这个环节旨在通过音乐的催化作用让学生迅速进入班会情境，"一起向未来"的主题也可激发学生的爱国之情。）

环节二：诵读毛主席诗词，了解中国党史"雄关漫道真如铁"

教师引导：同学们，"一起向未来"唤起了我们师生的少年情怀，听起来就让人热血澎湃。今年秋天与往昔格外不同,我们刚刚一起欢度中华人民共和国成立73周年国庆,我们的党喜迎二十大,全国人民欢欣鼓舞。让我们喜迎党的二十大,爱党爱祖国。

新中国成立于1949年10月,中共一大召开于1921年7月。这中间相差了二十八年零三个月。所以28.3这个数字就是天安门广场上国旗旗杆的高度。中国共产党建党101年,漫长的岁月,漫长的征程,也让人想起了毛主席的一句诗"忆往昔峥嵘岁月稠"。在这些不平凡的日子里,毛主席领导工农群众建立了无产阶级政权。其中最艰苦卓绝,最能够创造人间奇迹的,就是二万五千里长征。

"红军不怕远征难,万水千山只等闲。五岭逶迤腾细浪,乌蒙磅礴走泥丸。金沙水拍云崖暖,大渡桥横铁索寒。更喜岷山千里雪,三军过后尽开颜。"《七律·长征》家喻户晓,但这不是最早的记录长征的诗句,毛主席最早的长征诗是《忆秦娥·娄山关》。1934年10月红军开始长征,1935年1月红军进入贵州,打下遵义、娄山关之后,召开了遵义会议,确立了毛泽东的领导地位。军队准备北上之际,红军里出现叛徒,带走了一部分队伍,已经出发的红军不得不重新回到娄山关。娄山关是贵州与四川的重要关隘,地势险峻,一夫当关万夫莫开。第二次攻打娄山关非常艰苦,红军肉搏两昼夜,才取得了胜利。虽然战斗打赢了,但是整个战略却受挫,因此《忆秦娥·娄山关》这首最早的长征诗,现在读起来仍有沉郁顿挫感。"西风烈,长空雁叫霜晨月。霜晨月,马蹄声碎,喇叭声咽。雄关漫道真如铁,而今迈步从头越。从头越,苍山如海,残阳如血。"

(设计意图:作为高中生已能背诵不少毛主席诗词,在此温故而知新,学生将以往所学与课堂上的党史知识结合起来,印象会更加深刻。)

环节三:表演情景剧《半条被子与跨时空问答》,师生感受军民鱼水情

革命路上有成功也有失败,充满了曲折,但也充满了动人的故事。在湖南有这样一座雕塑,这座雕塑的名字叫《半条被子》,雕塑背后有一段什么样的佳话呢?请同学们欣赏情景剧。

半条被子与跨时空问答

湖南汝城县沙洲村广场上有这样一座雕塑,一位农村大嫂正接过女红军送来的被子。这背后有着怎样的故事?在1934年11月6日,中央红军先头部队途经沙洲村,由于国民党的反动宣传,老乡们都上山躲了起来,徐解秀因为坐月子只能留在家中。让她意外的是,来到他家借宿的三位女红军看到床上只有一块烂棉絮和一件破蓑衣,就打开自己带来的背包,拿出了自己的被子和徐解秀挤在一张床上睡。三天后,在部队即将启程之时,发生了这样一幕。

女红军甲:(面对大嫂)大嫂,谢谢你这几天的照顾,这床被子您就留着,(接过被子)孩子还小,千万别得了风寒。

大嫂:这可使不得,你们三个小姑娘就这一条被子,还要翻山越岭,我怎么能拿你们的被子?

(中间的女红军乙从甲手里拿过被子,站在大嫂面前)

女红军乙:大嫂您拿着,您和孩子比我们更需要它。

大嫂:不行。(推过被子)

女红军甲:大嫂,我出个主意。

女红军丙:(掏出剪刀给甲)

女红军甲:咱们各自半条,这样就不用推来推去的了。

(女红军甲从乙手里接过被子,甲、乙、丙三人聚在一起,剪被子)。

大嫂:(上前拦住)使不得,使不得。

女红军乙:大嫂,这半条被子您留着。(手里拿半条被子,另半条在女红军丙手里)

(走到大嫂左边把被子装进包里)

女红军乙:我们红军是共产党领导的人民军队,打敌人就是为了能让老百姓过上好日子。

女红军甲:等革命胜利了(做加油动作),您和乡亲们人人都能盖上新被子,天天都有粮食吃。(被子放在大嫂手中)

女红军丙:大嫂,好日子在后头呢。(走到大嫂和甲中间,偏后一点)

女红军甲:我们一定会来看您!

女红军丙:(走到女红军乙身边)大嫂望向二人。

女红军乙、丙:一定!

大嫂:好!好!我等着那一天。(转身看向甲)

(女红军甲抱着被子上前)

大嫂:我明白了什么是红军,什么是共产党,共产党就是自己有一条被子(看向被子),也要剪下半条给老百姓的人……(看向观众)

大嫂的半条被子一直留到新中国成立,可是三位女红军战士却消失在历史的尘烟里。她们很可能牺牲了。为了新中国的成立,千千万万的青年战士牺牲了。

如果他们还活着,我们多么希望他们都活着。他们还活着会是什么样? 如果这些先烈来到今天的时代,看到我们现在过的生活,那又会与我们产生一段什么样的对话？请同学欣赏《红军战士与新时代少女跨越时空的问答》。

红军战士与新时代少女跨越时空的问答

战士：新中国来了吗？那我们胜利了吗？

少女：胜利了。

战士：我就想看看新中国是啥样？姐姐，那新中国大家都能吃饱肚子吗？

少女：吃得饱，吃得好！

战士：那都能和亲人们团聚吗？

少女：家家团圆，特别幸福。

战士：那他们都能穿上这个棉衣裳吗？

少女：能，暖和着呢，就是因为有了你的牺牲，才有了我们的平安和幸福。

战士：不是的，不是的，姐姐，不是只有我，还有王刚，还有李大柱，还有二班长、三班长他们，还有指导员。

少女：知道。你和所有的战士们，我们永远都不会忘记。

战士：我真想看看，咱们的新中国，她到底是啥样的。

少女：你看，我们现在的生活是这样的……（视频展示新中国建设）

师生一起点评同学们的表演。

（设计意图：这个环节旨在把党史知识表达得形象化、生动化，通过今昔对比，给学生形成强烈的视听冲击，感受新中国成立的不易，增强爱国主义精神。）

环节四：歌伴舞赞美祖国，喜迎二十大

中国共产党第二十次全国代表大会是在全党全国各族人民迈上全面建设社会主义现代化国家新征程、向第二个百年奋斗目标进军的关键时刻召开的一次十分重要的大会。

1. 学生歌伴舞表演《我和我的祖国》

词：张藜

我和我的祖国

一刻也不能分割

无论我走到哪里

都留下一首赞歌

我歌唱每一座高山

我歌唱每一条河

袅袅炊烟

小小村落

路上一道辙

我的祖国和我像海和浪花一朵

浪是那海的赤子

海是那浪的依托

每当大海在微笑

我就是笑的旋涡

我分担着海的忧愁

分享海的欢乐

我亲爱的祖国

你是大海永不干涸

永远给我碧浪清波心中的歌

2. 二胡与大提琴协奏《少年行》

(设计意图:这个环节旨在引导学生表达感情,爱党爱祖国,喜迎二十大,为将来成为社会主义的建设者和接班人做准备。)

环节五:学生绘制生命线,将自己的生命线与祖国的相连

教师向学生介绍祖国的生命线和党的中心任务:

(1)国内生产总值突破 100 万亿。

(2)5575 万农村贫困人口脱贫。

(3)粮食年产量连续 5 年稳定在 13000 亿斤以上。

(4)2035 年基本实现社会主义现代化。

(5)基本医疗保险覆盖超过 13 亿人。

(6)2035 年基本实现社会主义现代化远景目标。

……

请学生绘制自己 15 岁到 25 岁的生命线。

要求:

(1)生命线可以用直线、曲线、折线进行绘制。

(2)在生命线的上部,按照时间节点标注可能取得的关键成绩。

(3)在生命线的下部,标注自己取得成绩的原因或需要培养的习惯、能力。

(4)小组交流,全班分享。

环节六:学生小组体验式表达"我与祖国"的关系

每个小组把组员的生命线组成一个能表达"我与祖国"关系的有积极意义的图形,向全班展示。

(设计意图:环节五与六是学生人人都可以动手体验的创新设计,旨在引导学生在祖国的生命线上、在党的中心任务的引领下思考自己的生命发展历程,从而将个体与祖国结合起来。选择15岁到25岁这个节点,是因为这个区间学生考入高中,进入大学,有的将考上研究生,有的踏上工作岗位,有的考取各种各样的行业入门证书,同时恋爱、结婚……这十年间中国的"一带一路"发展、从制造强国到智造强国的转变,党的第二个百年正式开启也都与学生个人的发展息息相关。两者结合,学生可以从更宏观的角度看待个体与集体的关系,自己与国家的关系,从而更加爱党爱祖国,喜迎二十大。)

教师反思:这节课是一节以爱国为主题的班会教育课,也是青岛市中小学优质课评比的参赛课。最终获高中学段班主任优质课二等奖的好成绩。但是为什么没有拿一等奖呢?经过反思,我认为这节课在广度上非常丰富,通过唱歌、舞蹈、乐器演奏、手指操等形式把课堂意象的表达发挥到极致。但是在深度逻辑的挖掘上还是有差距,期待继续学习,继续进步。

学生妍妍感悟:今天这节班会课的主题是"喜迎二十大,爱党爱祖国"。我和奕辰同学用乐器演奏的方式来表达对二十大胜利召开的喜悦之情。我们演奏的曲目是《少年行》,我拉二胡,奕辰同学拉大提琴。这是西洋乐器和民族乐器的组合演出。虽然我们排练的时间很短,但老师和同学们很支持我们,我们也加强训练,演奏好激昂的旋律,这也使我增强了对党和国家的感情。

学生睎真感悟:这是我们第一次录制市级参赛课,同学们都有点紧张,我也紧张。可是,看到曹老师精心准备的一个个环节,我们又感到在课堂上有机会表达自己对党、对国家的热爱之情,这是多么难得的机会。所以大家都非常努力,要把这节课上好。

证 书

曹春梅 老师:

您在 2022 年青岛市中小学优质课评选中,荣获 高中 学段 班主任 优质课 二 等奖。

特发此证,以资鼓励。

青岛市教育局
2023 年 3 月

上完中职上本科

授课人：李岩老师。

一、班会背景

学校教育层面：党的二十大提出，统筹职业教育、高等教育、继续教育协同创新，推进职普融通、产教融合、科教融汇，优化职业教育类型定位。据此，学校深入贯彻落实教育部颁发的《中等职业学校职业指导工作规定》文件精神，进一步加强对学生的职业指导工作，增强职业指导的针对性、实效性。

高中学生层面：中职职普融通艺术生需要自我定位，自我规划。青岛艺术学校 2021 级 6 班学生进入高二下学期，面临高三实习就业和升学的选择，迫切需要指导。

二、班会目标

认知目标：了解学校美术专业人才培养方案，本行业的概况，美术专业高考情况。

情感目标：提高高中学生生涯规划的意识，增加对生活的热爱。

美育目标：主动建构自我定位、自我规划之美。

三、班会准备

教师准备视频、小游戏。

四、班会流程

环节一：游戏助力，活跃思维

小西瓜、大西瓜游戏。（全班可以分成 2 组进行）

规则：学生站着围成圈子；老师站在中心，老师说出小西瓜或大西瓜这个词，学生要跟着说并进行比画，说小西瓜的要比画成大西瓜（比画成相反意思），说大西瓜的要比画成小西瓜。没有按要求说、比画的，就出局；谁坚持到最终，谁就是成功者。

（设计意图：暖场活动激发兴趣，活跃思维。）

环节二：班主任解读学校人才培养方案

班主任讲寓言故事

马与驴子

在唐太宗贞观年间，有一匹马和一头驴子，它们是好朋友。贞观三年（1629），这匹马被玄奘大师选中，出发前往印度取经。17年后，马驮着经书回到长安，重到磨坊会见驴子朋友。老马谈起这次旅途的经历，浩瀚无边的沙漠、高耸云霄的山岭、凌云的冰雪、壮阔的大海……神话般的一切，让驴子听了大为惊异，好生美慕！驴子惊叹到："你有多么丰富的见闻呀！那么遥远的道路，我连想都不敢想。""其实"，老马说，"我们跨过的距离是大体相等的。当我向西域前进的时候，你一步也没停止。不同的是，我同玄奘大师有一个遥远的目标，按照始终如一的方向前进，所以我们走进了一个广阔的世界。而你被蒙住了眼睛，一生就围着磨盘打转，所以永远也走不出这个狭隘的天地。"

学生晓宇感悟：我们要像故事中的马一样，有长远的目标，并为之奋斗，合理规划自己的生涯，有目标有计划地前进。

学校的人才培养方案是培养掌握升学必备的文化课知识和绘画的专业技能型人才，同时也为各高等艺术院校输送合格的后备人才。

（设计意图：让学生重视职业生涯规划，了解学校美术专业人才培养方案。）

环节三：专业老师谈美术高考和职业发展

吴怡潇老师首先介绍了夏季高考和春季高考的区别，然后着重介绍了美术设计类专业。她说，设计专业种类很多，比如环境艺术设计专业、服装设计专业、平面设计专业、视觉传达设计专业、工业设计专业、展示设计专业、家具设计专业、动画设计专业和形象设计专业。随着人们对生活品质的要求逐步提高，设计渗透到生活的方方面面，而生活离不开设计师对我们所处的环境的改善，所以社会对设计类人才的需求是非常大的。另外，设计与各行各业结合很紧密，入职门槛低，是容易就业的行当。美术类的学生在中职学校中学习，不仅要掌握基础的绘画技能和专业知识，更要活学活用，才能在今后的就业中更有竞争力。

（设计意图：吴怡潇老师的讲解简捷有效，对学生职业生涯规划有引领作用。）

环节四：学生职业规划交流

馨瑜：我向往的职业是插画师，从小我对画画有一种特别的热爱，从刚开始接触它，它就在我眼中有不一样的感觉。我喜欢画画，想要一直画下去，所以成为一名插画师的想法也在我心中悄然升起。为此我不断地临摹作品，去学习系统的画画技巧，每天积累素材和做小的练习，不断提升自己绘画的能力。其他同学们设计的海报很精彩，让我感到还要更加努力，为了我喜欢的职业不断前进。

依林：我的志向是从事美术教育，我相信我对这个职业的热爱和热情能激励我提高能力。我会跟着学校尽量多考证、考级，美术联考结束后，紧跟老师学习文化课。

阿娅：经过几年的专业学习，我对美术专业有了一定的了解，也深化了对自身的认知。我

是一个行为有条理,思维活跃的人,喜欢富有想象力与创造力的工作。未来我希望能够在老师的指引和培育下,考入理想的大学,学喜欢的专业。我想成为一名美术教师,为了此目标,我会在平日的文化课和专业课学习上付出比以前更多的努力。"功不唐捐,玉汝于成",在日复一日的努力精进中,登上梦想的讲台,助力每个和我一样的孩子展开理想的双翼。

(设计意图:此环节旨在让学生正确认识自我,确定个人志向,树立正确的成才观和就业观。)

环节五:观看励志视频《技能让生活更美好》

(设计意图:《技能让生活更美好》是教育局拍摄的中职励志视频,给学生信心和鼓舞,也体现了职业指导服务于学校人才培养,服务于学生职业生涯培养的理念。)

环节六:班主任总结,布置作业

在当今知识大爆炸、科学技术发展一日千里的时代,各行各业对人才专业素质的要求已越来越高。作为学生,如果不能从根本上提高自身的综合素质,科学地规划自己的学习生活和职业生涯,很难跟得上时代的步伐。我很高兴看到同学们眼界更加开阔、更有上进心,也更善于动脑思考、规划人生。

给大家布置一个作业:撰写"职业生涯设计"方案,我们周末线上交流。"职业生涯设计"方案包括确定个人志向、自我评估、职业选择、职业前景评估、设定职业生涯目标、确定职业生涯路线、制定个人行动计划等几个方面内容,方案标题自拟,要求具备可行性、适时性、适应性和持续性。

(设计意图:通过撰写"职业生涯设计"方案,学生可以全面认识自己,了解人才市场需求,传播职业规划理念,探究职业规划的基本方法,树立正确的成才观和就业观。)

教师反思:本次班会的目的是让学生正确认识自己,认识专业,合理规划未来。班主任不仅要唤醒学生敢于造梦,还要帮助学生学习如何追梦。游戏体验环节不仅在于暖场激发兴趣,而且更能拓展思维,这也是注重审美的体验式班会的魅力所在。部分学生觉得参加夏季高考适合自己,部分学生选择春季高考。适合的就是最好的,这其实是面向实践、面向社会、面向未来的因材施教。

学生澳淇感悟:这次班会使我的认知提升了。我要加强实践,提高专业能力。除了服务自身的发展、产业的发展外,还要服务国家的发展。

学生良宇感悟:我要动脑思考、规划人生。在接受职业教育的过程中,不断提升自己,培养自己的职业素质和文化自信。选好赛道,做最好的自己。

让梦想照进现实

授课人:徐华峰老师。

一、班会背景

学校教育层面:高中生需要进行生涯规划,在目标的引领下进行学习。仰望星空,更要脚踏实地,将长期理想转化为短期目标。

高中学生层面:进入高中学习一月有余,学生有失有得、有坚定有彷徨。卓越四班组织主题班会——让梦想照进现实,对高中学习生活进行总结反思与指导。

二、班会目标

认知目标:将长期目标分解为具体的短期目标,并写出三件要做的具体事,将目标落到实处。

情感目标:学生通过反思、制定短期目标,从一点一滴做起,增强自信。同学们互相督促,互相鼓励,克服困难。

美育目标:展望美好未来,获得美的感受。

三、班会准备

教师打印目标卡。学生课前按小组排桌椅。

四、班会流程

环节一:讲述奥运冠军的故事

1984 年,在东京国际马拉松邀请赛中,名不见经传的日本选手山田本一出人意料地夺得了世界冠军。当记者问他凭什么取得如此惊人的成绩时,他说了这么一句话:凭智慧战胜对手。

当时许多人都认为这个偶然跑到前面的矮个子选手是在故弄玄虚。马拉松赛是体力和耐力的运动,爆发力和速度都还在其次,说用智慧取胜确实有点勉强。

两年后，意大利国际马拉松邀请赛在米兰举行，山田本一代表日本参加比赛。这一次，他又获得了世界冠军。记者采访时，山田本一回答的仍是上次那句话：凭智慧战胜对手。

10年后，这个谜终于被解开了，他在自传中是这么说的：每次比赛之前，我都要乘车把比赛的线路仔细地看一遍，并把沿途比较醒目的标志画下来，比如第一个标志是银行，第二个标志是一棵大树，第三个标志是一座红房子……这样一直画到赛程的终点。比赛开始后，我就以百米速度奋力向第一个目标冲去，等到达第一个目标后，我又以同样的速度向第二个目标冲去。40多公里的赛程，就被我分解成这么几个小目标轻松地跑完了。起初我把我的目标定在40多公里外终点线上的那面旗帜上，结果我跑到十几公里时就疲惫不堪了，我被前面那段遥远的路程给吓倒了。分解目标之后，我就充满了动力。

互动问题1：了解了山田本一的故事，你有什么体会？

文麒：一个大的目标可以分成一个个小目标，逐步实现。

菁锋：高中生活可以分为几段，每个学期定下一个小目标，奋力向前冲，考入理想大学。

环节二：写下目标，让梦想照进现实

目标卡：

我的梦想：＿＿＿＿＿＿＿＿＿＿＿＿＿＿＿

我的目标：_____

（实现目标的时间，最长不超过一学期）

为了实现这个目标，我未来要做的三件事（尽量具体）：

（1）_____

（2）_____

（3）_____

环节三：分享目标，共同进步

1. 小组分享

要求：分享的同学要起立，每人分享 2 分钟，2 分钟以后换下一位同学。聆听的同学要安静，分享结束要鼓掌。

2. 班级分享

每组请一位同学作代表，上台分享自己的目标。六位同学上台后先站好，然后面向同学，依次分享。

环节四：教师总结

1. 实习班主任敖妙点评与分享

听了同学们精彩的发言，我也很受触动。大家都有着很清晰的目标，也都为此迈出了崭新的一步。

英哲说，他的目标是考级部第一。我认为这位同学很棒，因为首先要敢于去想，不要因为目标遥远就退缩，如果你连大胆说出梦想的勇气都没有，又何来实现一说呢？

嘉乐同学说，要加大自己的阅读量，这一点我十分赞同。培根曾经在《论读书》中写道"读史使人明智，读诗使人灵秀"，"凡有所学，皆成性格"。有时，你读完一本书以后，可能觉得自己什么都没记住，有点失望，但是其实，书中内容已经如丝丝细雨，润化着你的心灵，提升着你的气质，雕琢着你的谈吐。

有同学说，多读课外书，不被课本知识局限。我认为，如果课本的知识是基础的话，课外书就是对书本知识的加强和升华，但前提是，那本课外书可以称为"好书"。我高中时期，语文老师推荐我们阅读《读者》和《青年文摘》，在品读故事的同时也积累作文素材，一举两得。

有同学说要在思想上做一个自由的人，那就好好努力，多出去走走，接触各种各样的人，读取他们的思想，相信你一定会突破自己内心的束缚，达到更高的境界。

2. 班主任徐华峰总结

同学们的梦想、目标，很美好，我很羡慕大家。追梦的年龄，未来有无限可能！梦想照进现实，需要行动起来，坚持下去。我看同学们都写下未来要做到的三件事，很具体，很好，相信你们可以做到。把我们的梦想分解成一个个具体的小目标，每往前走一步，离梦想就近一步！

我的梦想：考上中国人民公安大学

我的目标：期中考到820分

（实现目标的时间，最长不超过一学期）

为了实现这个目标，我未来要做的三件事：

(1) 加大阅读量，学会观察，把作文写好，多练习

(2) 多做数学习题，多提问，争取提高数学成绩

(3) 重新整理地理生物笔记，多向老师提问

目标卡：

我的梦想：北京师范大学

我的目标：期中成绩不下滑过大，保在高处（很好）

（实现目标的时间，最长不超过一学期）

为了实现这个目标，我未来要做的三件事：

(1) 告别拖延病症和坏心情，以饱满的热情去迎接每天

(2) 不把作业拖到第二天，不在床上写作业

(3) 每天学习英语（听口语带，背考过单词，做阅读）

不乱烦心 不因于情 很将来 由此坚持

为了实现这个目标，我未来要做的三件事：

(1) 每天早起，复习知识点，课前作业认真完成，绝不屈服于成绩或烦闷

(2) 严于律己，不浪费时间做无所谓的事，节约时间做对自己好的事

(3) 严于律己，不做出格的事不冲动，做事思而后行

为了实现这个目标，我未来要做的三件事：

(1) 认真对待每一次作业，保证课堂上听讲效率，不走神，专注听讲

(2) 对待问题要刨根问底，不留下疑点，积极同老师交流、沟通

(3) 静下心来学习，自主学习，有计划性，提前做好复习计划

第四模块
增强学习力

时间都到哪里去啦?

一、班会背景

学校教育层面:高一九门功课,高二"六选三"选课走班,都让学生感受到了一定的学业压力。普通高中普通班的部分学生在基础年级针对理科花费了大量的时间,这导致学生在总体时间分配上因为文理不均匀而产生了学习障碍,亟须解决。

高中学生层面:作为一个"物理历史＋X"组合班,很多学生的时间花在数学和物理上。数学需要精准的计算,物理的计算量并不亚于数学,如此一来,一个晚上的自主学习时间就不够了,文科作业收不起来,在这种情况下,班主任通过班会课引导学生学会珍惜时间,合理地利用碎片化时间。

二、班会目标

认知目标:认识时间管理,学会科学管理时间。

情感目标:学生通过体验,感知时间的存在,珍惜时间和光阴。

美育目标:感受成长美,有条不紊地安排时间的节奏美。

三、班会准备

教师准备一张一开的大白纸,一个大花瓶,报纸、细沙、水,各若干。

四、班会流程

环节一:以阿哲同学的政治作业为案例导入

阿哲同学的成绩不错,但是文科作业完成得很艰难,尤其是政治作业。阿哲认为,自己已经很用功了,但是就是没有时间学政治。晚自习一共三个小时,一个小时先给物理,一个小时给数学,一个小时给英语、历史。最后才轮到语文与政治,但已经快要睡觉了,所以阿哲没有时间写政治作业。

(设计意图:阿哲是班级中的"明星学生",他所遇到的问题具有代表性。如果能帮助阿哲解决没有时间学习政治的问题,以点带面,举一反三,班级的其他学生也将学会时间管理。)

环节二:体验拓展,发现自主时间

班主任给每位学生发一张长纸条,请学生等分叠成 24 份,每一份代表一天中的一个小时。然后撕掉集体学习占用的时间。上午课堂带课间 4 个半小时,中午午休 70 分钟,下午上课带课间 3 个半小时,共计 9 小时 10 分钟。减掉每日睡觉 7 小时,吃饭喝水上厕所 1 个半小时,上、放学路上 1 个半小时,每位同学平均用掉 19 小时左右,白天可自主掌握 5 小时,去掉晚自习 3 小时,还有 2 个小时。2 个小时一晃就过,但是抓得紧一点,政治作业即使天天布置,也是可以写完的。

那么阿哲同学的问题在哪里?

(1)白天 2 个小时的零碎时间利用不够。

(2)时间管理不够科学。

阿哲在进行上述体验活动之后,收获了如下感悟。

(1)吃饭时间过长。吃饭除了填饱肚子外,还承担了社交的功能。吃饭之后,排队买零食,同学们在一起吃零食、聊天,半个小时不知不觉就过去了。

(2)打篮球时间过长。大课间休息,阿哲喜欢泡在操场上打篮球。球筐边的时间占据了完成政治作业的时间。

(3)其实在教室里和同学们互相讲题也是一种社交。比起一起吃零食、聊天,这种社交更加注重精神层面,大家互相帮助,共同提高,也可以双赢。

教师引导:关于时间管理,参看下图。

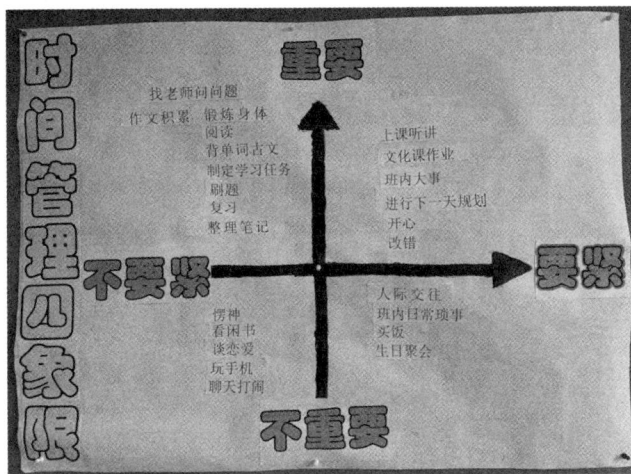

（设计意图：如果教师笼统地跟学生讲应该抓紧白天零碎时间，学生可能不知道应该怎么做，也不清楚自己的时间问题在哪里。用撕纸条儿的方式帮助学生精准计算，学生才能看到被自己零碎消费掉的宝贵的自主时间，如果能将这些时间集中起来学习一到两门功课，就会减轻晚上的学习负担，部分同学也不再会变得手忙脚乱。）

环节三：我的时间我做主

班主任拿来一个大水瓶。请学生依次装满大纸团、小纸团、纸屑、细沙，这时已经感觉很满了，最后还可以加水。

学生感悟：大纸团代表着大块的时间，瓶子代表着一整天。有的同学只放了几个大纸团，就认为瓶子满了，没想到纸团与纸团之间的缝隙还可以装进小纸团。小纸团与小纸团之间还可以装进细沙，细沙把瓶子装满了，居然还可以加进去水。可见，只有学会利用零碎空间才能真正装满这个瓶子。时间只要挤，还是能挤出来的。

教师总结：相同的容量，不同的内涵和质量导致瓶子具有不同的分量。对人而言，分量就代表实力。希望同学们通过这节课学有所悟，科学管理时间，解决班级中存在的"阿哲之忧"。

（设计意图：一味地说教不能让学生心悦诚服，这个环节运用了托物言志的手法，通过学生亲自把瓶子装满纸团、细沙、水，感悟到零碎时间的存在。）

环节四：请一位能抓紧零碎时间的同学分享自己的学习经验

阿迪：我自知不是一个很聪明的学生，所以要想把学习成绩提高一点，就需要努力。最近这段时间，我的文科成绩有一定的进步，主要原因就是我抓紧了白天的时间。比如大课间，我们跑完步和距离下一节课上课之间有 15 分钟。这 15 分钟我就用来背单词。午休时也是将吃饭时间压缩到 20 分钟，然后整个午休我就有 20 分钟可以用来背单词。下午大课间我们有 55 分钟休息时间，我再次拿出 20 分钟用于背英语课文，这样一天的英语单词和课文基本上在晚自习前完成了。整个晚自习我就将精力用于学习理科。这样成绩就慢慢提上去了。我想要强调的是这种利用白天零碎时间的行为，坚持一天容易，能日日坚持，对每个人都是考验。好在我们班有一批和我志同道合的同学，希望我们一起携手努力，共同进步。

（设计意图：进步的同伴在学生中是有影响力的，阿迪现身说法，会引起全班学生的思考和模仿。）

环节五：学生填写自己的时间管理四象限，全班汇总

全班汇总如下：

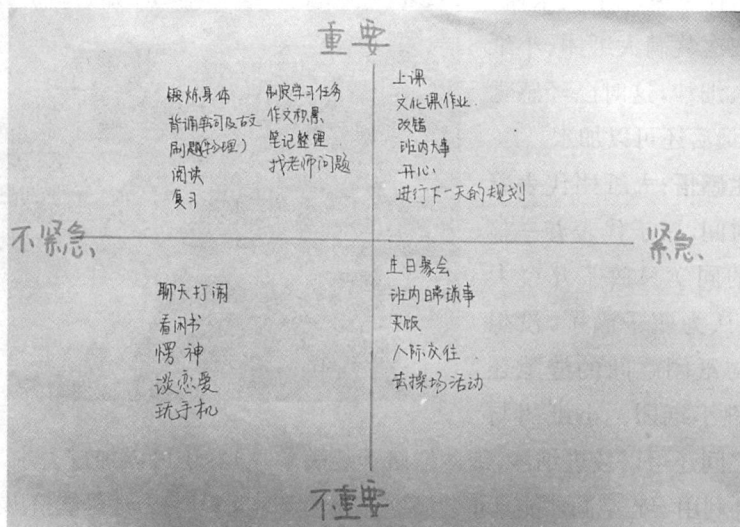

（设计意图：这个环节是将学生由感性引向理性的过程。抽象的时间管理原则与现实中的实践相结合，才能够将时间管理这一理论运用到生活与学习中，帮助学生更好地管理时间，从而取得学业进步。）

教师反思:对于基础年级的学生来说。班主任引导学生学会时间管理,这是学生个人成长和班级发展的必经之路。所以这堂课由一个点切入,覆盖全班同学,具有一定的现实意义和实用价值。掌握时间原理后,学生结合学习的亲身经历和体会,对自己的时间进行合理的规划,然后班级将学生的班会生成制成墙报,贴在后黑板上,学生日日观摩,潜移默化,牢记于心,这对成长来说不无裨益。

学生璐璐感悟:今天的这节课让我意识到自己在学校学习中对时间没有概念,所以学习九门功课手忙脚乱,十分被动。经过这节班会课,我认识到时间管理也有方法,掌握了之后,制订学习计划,按计划行事就顺利多了。我相信跟着曹老师的班会课的指引,一定会提高学习效率,提高学习成绩。

学生阿哲感悟:这节课上曹老师告诉我们的学习时间管理思维,非常有实用价值。我以前对哪些事情应该立刻去做,哪些事情应该缓一缓去做,不是很清晰。这节课经过老师的引导和阿迪同学的榜样示范让我看到了自己日后前进的方向,继续加油。

重整山河待后生

一、班会背景

学校教育层面：良好的班级文化有助于提供积极的学习和发展环境。学生在积极、和谐的班级文化氛围中学习，更容易获得认同感、安全感和归属感，从而更好地参与学校教育和各项活动。

高中学生层面：2021年高考开始后，高二的学生自动进入准高三行列，与高考面对面。此时，班级需要一个仪式，将学生带入备考情境，为后面正式进驻高三楼，投身高三奋斗做铺垫。

二、班会目标

认知目标：认知班级自身的优点与缺点，在反省中看清楚目前的学习境况。

情感目标：凝聚班级情感，整体奋斗，同甘共苦。

美育目标：明确高考目标，享受奋斗之美。

三、班会准备

宣传班长布置黑板，准备一个大盒子和卡纸若干。

四、班会流程

环节一：学生分享此时此刻的自我觉察

1. 山河雄壮

（1）学习一直在进步。学习班长泽润说："进入一轮后，紧张的气氛、高考倒计时的压力，无时无刻不在刺激着同学们的神经，大部分同学顶着压力，直面高考。"

（2）班级整体比较团结。学习班长栋良说："我觉得这个班里的人挺好的。平时都会互相帮助。班长获奖，其他同学纷纷表示祝贺，替班长高兴。"

（3）家长辅助工作能跟上，效果很好。

（4）班长获得"山东省优秀班干部"荣誉，班里有四位同学在山东省英语演讲比赛中获二等奖。

2. 山河飘荡

班长泓烨：高考长假，同学们浮躁的心情彰显无遗，自律的防线出现了漏洞，所有的问题都在短短的十天内爆发了。

2021 年 5 月 29 日，历史老师投诉 5 人在课堂不务主业。

2021 年 5 月 30 日，班主任没收一个手机和一个充电宝。

2021 年 6 月 1 日，班主任没收一个充电宝。

2021 年 6 月 2 日，班主任没收一个手机和一个充电宝。

2021 年 6 月 3 日，通用技术老师投诉 7 人旷课，3 人迟到。

2021 年 6 月 4 日，班主任批评全班同学在学校重大集会上集合太慢。

2021 年 6 月 5 日，数学老师投诉若干学生上课睡觉，政治老师投诉一半人上课不带书。

3. 学生总结

学习班长谈手机：带手机的人，班主任其实都抓一遍了，希望同学们能自己再注意一下。

青洋同学谈学习：马上要放假了，所以同学们可能有一些浮躁，课堂不够认真，人在这里，但是心思已经飘了。这一点比较好解决，等假期过去以后，慢慢地同学们的心情就会平复下来。但还有一点，也是比较重要的一点，历史课上课出现很多说话或者写别的作业的现象，最关键的原因就是同学们对这些科目不够重视，同学们应该重视文科，不能因为任课老师好说话，脾气好，不是班主任，就不重视这门课，甚至把这些高考算分的科目当作休闲娱乐课来上。同时也希望各科老师能够给予我们改正错误的机会，让大家共同进步。

班主任反思集合太慢：课间操结束后需要集合一下再解散，这一习惯平时师生都忽略了。

（设计思路：师生一起反思，有肯定，也有否定。在反思中自我发现，自我成长。）

环节二：明确高考目标，并交流目标

(1)请学生自己为自己绘制一张飞机票，起点是青岛十七中，终点是理想的大学。四人小组交流，并请与会嘉宾老师签名做见证人。

(2)请学生自愿到前台来与大家一起分享自己的目标。

继楠：632 分，去上海，华东理工大学。

泓烨：年级前三，考上 985、211 大学院校。

阿震：青岛大学。

维森：外省知名大学。

……

（设计思路：这是个很有仪式感的环节。有当下，有未来，有老师见证，学生目标明确，培养对自己的责任心。）

环节三：与会嘉宾分享高三生活

曹璐书记：我很自信地说，我高三的时候确实很能吃苦。那时候我们都住校，吃早饭、午饭、晚饭，我们从来都不是三五成群，而是各自跑步，有时候几个要好的同学为了不耽误学习时间而轮流打饭，挤出时间解决课上没解决的问题，去提升自己，比起那时的我们，大家现在还是很幸福的。

我在高考前10天，思想压力过大，导致失眠，请假回家。妈妈对我说："不要有那么大的压力，其实没有人要求你达到一个什么样的程度，或者必须考上什么样的大学，是你自己对自己的要求导致焦虑过度。"和妈妈聊过后回到学校，尽管还会失眠，但是心里放松很多，再失眠的时候就会拿出比如说化学、物理的一些相关公式再写一写，感觉更从容了一些。最后高考成绩对我来说，可能不是太尽如人意，但是我现在回想起来，找工作，考公务员、教师编，我会有这么多的选择，非常感谢高中的那段经历。虽然当时没能考上满意的大学，但是锻炼了我的学习能力。至少在大四那年，大家都很迷茫的时候，我还能坐到图书馆里日复一日地去学习。只要我学习，绝对不会碰手机，不跟外面联系，这种自律我觉得是高中那段时光带给我的。包括后来工作中的各项考核都能百分之百、聚精会神地投入。同学们，如果现在你能全身心投入高中尤其最后一年的复习当中，这对你未来是有很大帮助的。

很荣幸参加今天的班会。现在很多事情都讲究仪式感，从高二走向高三也是需要有仪式感的。我们大家要感谢我们的班主任曹老师，给大家这么一个仪式感，让大家能有所感悟：我们从高二到高三应该带着一种怎样的心情？怎样的目标？怎样的想法？怎样的态度？怎样进入高三？后期我们会搬到高三教室，坐在高三的教室学习，我们就要给自己一种不一样的态度，去面对以后的365天。最后希望我们班这么些有个性、认真、非常有想法的同学们，在接下来的一年中，把握自己的时间，实现自己的梦想，然后把自己的这张飞机票投入自己梦想大学的校门，谢谢大家！

（设计思路：曹璐书记发言并不是课堂预设的一部分。今天这节班会课曹璐书记是来听课的，所以请曹璐书记上台为同学们分享自己高考时的情况，算是即兴发言，也是班主任对学校人力资源的整合。曹璐书记的发言结合着自身的经历和体会非常励志,学生们都听得津津有味,教学效果非常好。)

环节四:重整山河约十年

学生每个人以"这就是十年后的我⋯⋯"为开头,为自己写一段话,并将这段话封存在盒子里,为自己设立人生中长期目标,师生相约十年后再打开。

(设计思路:这个环节学生以前没有经历过,所以非常兴奋。每个人写好卡片后,将卡片投进密封的盒子里。自此,学生们心里都有一个期许,并自己为自己许下一个无声的诺言。)

环节五:班主任总结

分享学校的趣味运动会奖状,并激励同学们:八班八班,努力登攀。少年有我,非同一般!

(设计意图:学生在成长的过程中不可避免地会出现这样或者那样的问题,尽管如此,他们身上还是会有很多优点。教师只要多多赏识,优点就会越来越多地被复制。)

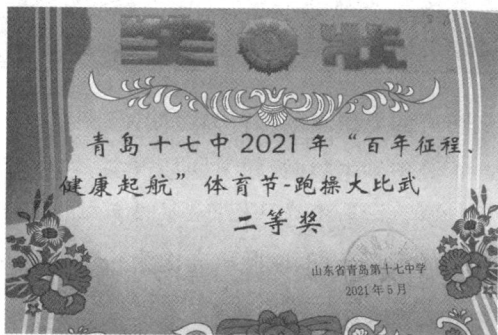

教师反思:对于普通班的学生来说,内驱力不足始终是一个需要班主任时时在意的问题,所以班主任适时抓住重要的节点,比如准高三时刻,比如重要的节假日,比如重要的纪念日,引领学生思考过去、现在、未来就变得非常重要。内驱力的缺失不是一天造成的,因而内驱力的补充也不会一蹴而就。这需要班主任循序渐进,抓住能抓住的一切人、事、物,并将之转化成教育契机。

学生阿策感悟:今天曹璐书记为我们讲的这番话,让我看到了一个成功的年轻人身上所具备的必不可少的志向、努力和行动力。曹春梅老师在现在这个时刻开班会是大有深意的,我们也要珍惜时间,实现属于自己的梦想。

学生倩倩感悟:今天,我把自己长久以来梦想的一所211学校写到了"十年之约"的卡片上,我想对自己说,加油!为了自己最想去的地方,全力以赴!

诚信学习，拒绝抄作业

一、班会背景

学校教育层面：《中小学德育工作指南》指出，要精心设计、组织开展主题明确、内容丰富、形式多样、吸引力强的教育活动，以鲜明正确的价值导向引导学生，以积极向上的力量激励学生，促进学生形成良好的思想品德和行为习惯。

高中学生层面：新学期新气象，学生容易接受新理念，培养良好学习习惯。而"诚信学习，拒绝抄作业"是课后知识巩固的保障。高一第二学期期初，正是合适的教育节点，以此班会作为一学期的开始，事半功倍。

二、班会目标

认知目标：了解诚信的重要性，认识抄作业对智力发展与德育发展的损害。
情感目标：凝聚班级情感，整体奋斗，抱团备考。
美育目标：明确良好学习习惯的作用，享受成长之美。

三、班会准备

学生每人准备一只中性笔。

四、班会流程

环节一：图片展示，唤醒成长
展示平日里学生抄作业的一些图片，引起学生警醒。

（设计意图：最好的成长是自我成长，生活即教育，用事实教育人，师生实事求是地面对教育现状。）

环节二:组内讨论,各抒己见

什么时候会抄作业?

小组分享:①作业较多;②文字多,作业嫌烦;③怕苦怕累;④作业不会。

(设计思路:这样的讨论让学生更能说出心里话。当然学生的价值判断会有偏差,比如最后一个分享的内容,这在班会后期可以纠偏。此环节分享的内容一定是学生的心里话。)

环节三:双手转笔小游戏

带领学生做一个双手转笔的小游戏,通过游戏,让学生感悟到抄作业的危害所在。

要求:

(1)双手虎口同时夹住一支笔,拇指向上。

(2)完成四个连贯的动作,将笔转到双手下面。双手夹住——虎口交叉——虎口旋转——笔在下面。

成功的同学分享经验:

蕙如:两个虎口与笔形成一个交叉点,大家请围绕交叉点旋转。

教师引导:转笔这么容易的动作都有其诀窍,更遑论完成作业。抄作业一般是直接抄下答案,没有经过思考,不能很好地掌握答题诀窍,当然也不能发现自己存在的一些问题。因此,会极大地影响我们的学习。

(设计意图:这个环节学生很感兴趣,也发挥了体验式班会的特色,教师通过心理拓展活动引导学生从感性到理性认知到抄袭并没有抓住事物的关键所在,学习也就没有效率。)

环节四:抄作业的危害

1. 看图解意,分享感受

学习如砌墙,抄作业如同里面虚置的砖,会导致基础不稳固。所以同学们要做到:端正学习态度;真实正确地解决问题;坚持诚实守信的人生原则。

2. 高校视角

2018 年 9 月起,清华大学对作业实行查重。查重系统包括三类检测:一是横向检测,即将上传作业与系统中已有的海量数据进行对比;二是纵向检测,将往年的电子版作业打包,上传到系统中,防止上、下年级抄袭;三是校内互检,防止同学之间的相互抄袭。

学生阿皓感悟:诚信是为人之本。子曰:"人而无信,不知其可也。大车无輗,小车无軏,其何以行之哉?"

(设计意图:这个环节让学生意识到抄袭并不像想象得那么简单,从小的方面说这是一种道德缺失,大的方面可能触及法律,不可掉以轻心。)

环节五:拒绝抄袭,讨论解决抄作业问题的办法

(1)平时写作业要诚实。一点也不会的,需要抄其他同学或者抄答案的在题号处画一个大大的三角。

(2)半会不会或者嫌麻烦抄答案的在题号处画圈。

(3)以上规定首先在物、化、生三科试点。

(4)每半个月班级进行民主评议:以 10 分为满分,采用自评和四人小组互评相结合的方式进行作业完成情况的监测。

(设计意图:发现、提出问题之后,师生需要找出解决的办法。而学生最了解自己作业完成的状况,学生讨论得出的解决办法必将是最具有可行性的,这一点教师可以放手给学生。)

教师反思:这节课直面学生学习习惯的要害,很有教育意义,符合学生实际。将学生抄作业上升到诚信的高度,提升了学生的思想水平和道德境界。

学生阿坤感悟:抄作业会让学习基础不扎实,以后做题会依赖答案、不自信。

学生烁烁感悟:抄作业会在关键点上让我们迷惑,就像垒墙一样,越抄墙垒得越不踏实,应该下决心克制抄作业行为。

学生嘉羽感悟:这节班会课后,我们要端正态度,正视学习上的问题,提升自觉性,提高成绩。

学生茂胜感悟:这节班会使我了解到,诚信作业会影响一个人未来的走向,家校、班级、同学间要大范围地进行诚信熏陶。

专注力,想说爱你也容易

授课人:徐华峰老师、敖妙老师(右,青岛十七中实习班主任)。

一、班会背景

学校教育层面:专注力是智力的重要组成部分,提升学生专注力是学校教育的重要目标,也是学生发展的要求。

高中学生层面:高中生能意识到专注力的重要性,但部分学生经常为外部环境所吸引,自习课频频走神。如何提升专注力? 这是亟待研究的问题。

二、班会目标

认知目标:了解专注力的重要性和提升专注力的方法。

情感目标:体验、感受专注的魅力。

美育目标:体验专注之美,提升自我专注力。

三、班会准备

教师打印体验专注力的图片,准备干扰音乐。

四、班会流程

环节一:认识专注力的重要性

2018 年 12 月 10 日,青岛十七中卓越四班针对高一学生现状,开了一节提升专注力的主题班会。班会由实习班主任敖妙老师组织。

敖妙老师首先提出一个问题:"有的同学学习很努力,抽空就学,晚上学到很晚,但成绩并不理想,难道真是智力问题吗?"当然不是啦,同学们都摇头。没想到敖老师接着来了一句:"真是智力差异。"同学们都惊呼:"嗯???"

　　原来,智力有五要素,第一个就是注意力! 智力五要素分别是:注意力、观察力、记忆力、思维力、想象力。

　　名人们对注意力给予高度评价。马克思曾经说过:"天才就是集中注意力。"《韩非子·功名》中有言:"左手画圆,右手画方,则两不成。"专注的力量很大,它能把一个人的潜力发挥到极致。

环节二:感受专注力体验活动

　　每位同学得到一张图片,如下图所示。

1. 教师提出明确的活动要求

　　(1)找出左边各条线连接至哪里,将相应号码标在右边空格里。

　　(2)只能用眼睛看,不能用手或笔按照轨迹描。

　　(3)只完成前面 20 题,完成后停笔,将图片反面朝上放好。

　　(4)同学之间不准交流。

　　(5)10 分钟后全部暂停。

教室里交替回荡着响亮的干扰音乐,有意思的说唱歌曲、好听的音乐或难听的噪声,同学们由最初几秒的哈哈大笑到置若罔闻。

有的同学找得很快,4 分多钟就做完了,有的同学找得比较慢,全班同学 10 分钟以内都做完了 20 题。

2. 师生一起交流分享

教师提问:专注度不高,很难确保高的学习效率,怎样做到凝神静气、提高专注呢?

小和:做题做到十七、十八题的时候,脑子非常乱,就甩了甩头,强行清醒一下,产生了效果。

(老师点评:通过一个下意识的动作,提醒自己该"回神"了,集中注意力。)

小倩:把自己的头、耳朵和周围的世界分割成两个整体。这样沉浸在自己的世界里,根本听不到外面的声音。

(老师点评:将外界的噪声从耳中摒除,让眼睛和大脑集中到学习上,做到心无旁骛,是个好办法。)

教师分享:集中注意力的两大法宝是目标明确和心无杂念。

再来做剩下的五道题,自己感受变化。

环节三:借助体验活动,提升专注力

1. 体验活动:专注于自己的呼吸

神游时怎样回到专注? 意识到走神了,把注意力集中在呼吸上,坚持这么做,走神率会逐渐下降。同学们不妨试一试。

呼吸

（1）吸气4秒：深吸一口气，不用太急，感受到自己的腹部慢慢鼓起，你可以先试几次适应一下。然后再吸气的时候，当你认为已经吸满了之后，再试着多吸一些。为了多吸这些空气，你的呼吸会用到胸腔的容量。这样一次饱满的呼吸，会按摩到你的太阳神经丛，从而舒缓焦虑。

（2）屏气3秒。

（3）呼气6秒：自然地、舒缓地呼气，不需要过急。如果你觉得爽，可以同时发出"hummm"的声音（用鼻不用嘴，整个呼吸过程，嘴都应是闭着的）。

4. 休息、调整一会儿，感受一下肺部放空，没有呼吸压力的状态。当你觉得需要再吸气的时候，回到第1阶段。

---

2. 提升专注力的方法

同学们在休息和玩耍中可以自由自在，一旦开始做一件事情，如何迅速集中自己的注意力，这是一种能力。就像一个军事家若要迅速集中自己的兵力，一举歼灭敌人，需要战胜各种空间、地理、时间的困难，战胜军队疲劳状态等等。集中注意力亦是如此。如何提升注意力呢？

（1）避免干扰。

保持主动，拒绝打断：告诉相关的人你没空；工作学习状态中，手机一定静音，关掉一切不必要的手机软件通知。

（2）制造大块时间。

提高做事效率需要两个关键点：快速进入专注状态和长时间地保持专注。

（3）尽量每次做一件事。

尽可能不要同时完成好几项任务，多线任务更容易让人分心、降低效率且出错。

（4）使用任务清单排除法。

造成注意力不集中的一个原因是不知道要做什么，无法取舍，那么列任务清单，是最简单的提高效率的方式。

（5）塑造仪式感。

学习之前,把书桌收拾干净,一切杂物全部排除掉,这样的动作会暗示自己,该好好学习了,这样会产生清爽的感觉,从而提升专注力。

环节四:徐华峰老师总结

专注力系智力的一部分。专注力是可以经过训练进行提升的,只要我们下定决心,排除干扰,根据老师介绍的"专心"方法,自己进行训练,就可以将注意力高度集中!

专注,是一种受益终生、难能可贵的素质,还等什么呢? 马上行动起来!

教师反思:专注力的提升不是一蹴而就的,班主任平时对学生的专注表现及时给予表扬鼓励,看到学生的点滴进步,进行正强化,这些都可以训练专注力、提升专注力。

积极探索，自我赋能

一、班会背景

学校教育层面：国务院办公厅《关于新时代推进普通高中育人方式改革的指导意见》（国办发〔2019〕29 号）要求加强学生发展指导，注重指导实效，加强对学生心理、学习、生活等方面的指导，帮助学生正确认识自我，更好适应高中学习生活。主题班会课可以培养学生正确价值观念、必备品格与关键能力。基于情境、问题导向的叙事-体验式心理班会课更易于被高中学生接纳，并带来实效。

高中学生层面：虽已进入高一第二学期，但部分学生仍未完全适应高中学习生活，早晨上课呵欠连天，对考试抱有畏难情绪，缺乏斗志。本班学生在高二学期期初的市统考中成绩不尽如人意，各科阶段性检测又接踵而至。基于此，班主任设计并开展了本次班会，目的是帮助学生懂得"长善救失"的理念并运用其方法，发现并发扬自己的长处，补救短处，用满满的"精、气、神"迎接挑战。

二、班会目标

认知目标：引导学生自我觉察，辩证地看待自己的长处与短处，知晓"长善救失"是完善自我的重要理念和方法。

情感目标:培育学生积极心态,能坚持成功的经验,也能在失败中发现可取的闪光事件,自我赋能,不惧困难。

美育目标:能积极参与体验活动,反思自己的学习态度与方法,见证并学习他人经验,并能运用"长善救失"的方法,在学习实践中不断感受优化学习之美。

三、班会准备

教师了解班级学生学习态度和学习方法,分析学生学业优势及存在的问题,设计班会方案,准备班会所需的土豆和吸管若干。学生调整座椅、小组围坐。

四、班会流程

环节一:试一试,吸管能穿越土豆吗?

教师引导:请猜一猜,一根小小的吸管能穿过厚实的土豆吗?

大多数学生表示"不能"。

教师总结:请试一试,用桌上的三种不同的吸管去穿越土豆,多多尝试。还请注意安全,吸管头要朝下,别伤了自己和他人。

(设计意图:以体验活动暖场并导入本课。"吸管能穿越土豆"难以想象,不可能中孕育着可能,激发了学生兴趣。三种吸管粗细和材质均不同,让学生有了多种尝试的机会,也有了更多联想的空间。)

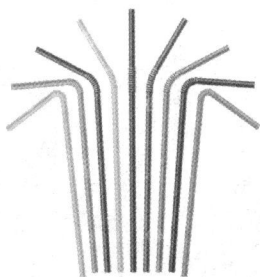

环节二:谈一谈,吸管怎样才能穿越土豆?

教师引导:已经有同学成功地将吸管穿过了土豆,请分享一下经验吧。

学生分享:手必须用力、速度要快、先穿土豆薄弱处;穿土豆要用拇指堵住吸管的顶端;要对着一个点一下子穿下去……

(设计意图:邀请多位同学分享吸管穿越土豆的方法,这种"以点带面"分享经验的方法为班会后续活动增强了动力,也为下一环节做好铺垫。)

环节三：悟一悟，"吸管穿越土豆"带给你什么感悟？

如果土豆象征学习中的困难，吸管象征解决困难的方法，请结合你的学习和生活实际，在做中感悟，你最应坚持的优点、亟待改进的不足分别是什么？

学生分享最应坚持的优点。

（1）穿越土豆可以先从容易的薄弱处开始，学习也应由易到难，先打好基础，再攻克难题。应该先找到自己每一学科的薄弱处，再努力克服短板。比如我的作文提升得慢，但我坚持练好字，分数也会涨不少。

（2）用不同吸管、各种穿越的方法去试错，就如同学习中也要允许自己犯错。我尝试用不同的学习方法来提高成绩，面对困难不放弃。

（3）同学们彼此分享穿越土豆的经验，这种互助学习才能让大家走得快、走得远……

学生分享亟待改进的不足。

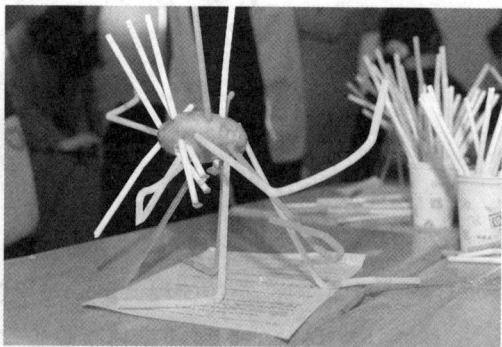

（1）穿越土豆的方法有好几种，同学们分享的经验给我很大帮助。我很少与同学们交流学习方法和心得，今后我需要改进。

（2）穿越土豆要有力量和速度，就如学习要有执行力，我要改变拖延的毛病，提高学习效率。

（3）同学们一开始就兴致勃勃地穿越土豆，而我看了一会儿才动手，因为我怀疑自己完成不了，这让我想到要提升自己的行动力，知行合一，不等待……

（设计意图：此环节将体验活动与个人学习经验联系起来，放大活动效应，由此及彼，由表及里，帮助同学们更易觉察自己学习方面的优点与不足。）

环节四:挖一挖,总会有那么一次你走出(或缓解)了困境

教师引导: 成功仿佛带来的是一片光明,失败仿佛带来的都是至暗时刻。果真如此吗? 你是否还记得,失败中也曾有过微弱的光,或者那一闪而过的明亮。作为高中学生,必定也面对过许多困难,经历过许多失败,总会有那么一次你通过努力走出(或缓解)了困境。请回想过往的学习和生活,曾经在什么时候,你具体做了哪些努力帮助你走出(或缓解)了困境?

教师访谈: 在这件事中,你具体做了哪些努力来克服困难? 从这些努力中,你看到了一个什么样的自己? 当你看到自己能够通过努力来缓解或走出困境,这意味着什么? 请总结一下,你克服困难有什么经验、方法?

敬芸发言: 通过刚刚的实践,我发现每个同学的手腕力量不一样,但最终都能成功把吸管穿进土豆。比如说我其实就是一个手腕没有什么力量的人,连瓶盖都经常拧不开,一开始穿土豆的时候怎么都使不上劲,一根都穿不过去。可是很多有力气的同学一下就能穿过一把吸管。后来,经过我的不断尝试,以及我们小组同学的帮助,我找到了一些方法,比如怎么找角度、怎么发力、一次穿几根吸管等等,慢慢地也能成功穿过几根吸管了。

这不禁让我联想到了我"筚路蓝缕"的数学学习之路,也是像吸管穿土豆一样,克服了天分的不足,取得了理想的成果。

我从小就非常热爱文学,文科常常名列前茅;相对而言,我的数学显得比较薄弱。记得我上初一时,在下学期期末的数学考试中考了 101 分。我们那一届有 500 多个同学,当时这个成绩排到了年级三四百名。我看到这个成绩之后彻夜难眠,感觉我的总成绩完全被数学给拖了下去。当时我的语文、英语都在级部前列,可数学一科就磨灭掉了我所有的优势。而期末考试之后就是暑假,在那个暑假,我痛定思痛,打算好好把数学成绩提升上来。

在整个暑假里,我几乎每天都是四五点钟起床,和一位同样在数学方面稍显薄弱的学妹一起,先下楼锻炼,舒活筋骨、振奋精神,随后投入各自的数学学习当中。我每天的安排是先完成学校布置的预习作业、再整理错题、疑难问题请教老师同学。

在那个暑假，我还记得我当时写完了4本练习本，上面满满当当的都是错题、好题和笔记。开学后有一场期初考试，在这场考试中，我意外地发现，曾经让我非常棘手的数学其实并没有那么困难，有很多题都能够在我曾经做错的，或者多做的题目中找到相似的思路。于是在期初考试中，我的数学进入了年级前150名，又因为我的语文、英语基础比较好，所以总分一下考到了全班前5名、全校前50名。尽管后来成绩仍有波动，但由于我锲而不舍的努力，总分大概也能维持在年级前100名。我通过自己的努力，考出了那些原本具备数学天赋的同学考出的分数，甚至有时也能有所超越。就像吸管穿土豆一样，或许我力气小，但别人一把把穿，我可以一根根试，总有穿过去的一日。

所以我非常感谢曹老师举办的这场活动，让我回想起过去学习之路。我也想把我非常喜欢的苏轼的一句名言送给大家："古之成大事者，不惟有超世之才，亦必有坚韧不拔之志"。或许先天条件有优有劣，擅长的领域也有所不同，但我相信同学们一定能够通过自己持之以恒地耕耘，用一种水滴石穿的精神，最终取得卓越的成就。

教师采访：敬芸同学的故事最打动你的地方是什么？这种品质会给她的成长带来什么帮助？你觉得这样的她很看重什么、在乎什么？她的故事对你有什么启发或者帮助？

佳昊发言：暑假里面，大家和敬芸一样都在根据自己的情况进行查漏补缺，把自己应该休息的时间拿出来，去恶补自己的弱势学科。如果想要得到一些东西，可能就要失去一些东西。我们都是学生，成绩肯定是第一位的。想把自己的成绩提高上去，在学习的过程中，提升的不仅有成绩，还有心态和历练，总之要让自己成长。对我的启发是在以后的学习生活中，不管遇到什么困难，都要像敬芸一样不轻言放弃，要学会找方法，有耐心和毅力去克服困难，解决问题。

教师总结：相信每位同学都有通过努力走出（或缓解）了困境的故事。请参照刚才老师的访谈提纲，2人一组相互访谈和见证。

（设计意图：此环节是本节班会的重点。教师访谈学生为后续的学生访谈做示范。对"走出困境的那一次"进行重点挖掘，不拘泥于学习，也可以是生活中的事件，其目的是帮助学生"改写人生故事"，发现战胜困难的"闪光事件"，从而发展指向成功的"支线故事"，为学生赋能。）

环节五：促一促，实践"长善救失"行动计划

教师引导：今天我们听了这么多故事和经验，你计划带着哪个故事和经验来改进不足？在本周，你计划做什么？当你改进遇阻，你会怎么办？

作业：今天班会课的家庭作业就是思考上述三点，写下具体内容并开始践行。下周"巩固班会课"时，交流各人"长善救失"行动计划。一个月后，交流各人践行心得。

（设计意图：此环节旨在引导学生要带着习得的经验去践行，并设置了相关要求，保障班会课功效得以延续与巩固。）

环节六：总结提升，托物言志壮豪情

教师引导：我想请教同学们一个问题，为什么用大拇指堵住吸管顶端穿透土豆效果更好？

学生分享：当我们用拇指紧扣在吸管的顶端再扎向土豆后，此时吸管内的空气处于密闭状态，随着深度越来越深，吸管内的空气将被压缩，并对吸管内壁产生巨大的压力，从而增强了吸管刚度和抗弯曲能力，因此吸管强度增强，就更容易穿透土豆了。

教师提问：这种方法就好似让吸管屏住了一口气，让它更加刚强。这让你想到迎考的自己，要有什么"气"呢？请结合自己的心得，用以下方式填写"_____要有_____气"。

学生分享：勇往直前要有锐气，战无不胜要有勇气，凝心聚力要有定气，实力满满才有底气，自我加油才有生气……

教师总结：同学们所言皆为自己所获，希望大家能从本节班会中学会并积极践行"长善救失"的理念和方法，不断鼓舞士气，勇敢前行！

（设计意图：此环节是本节班会课的亮点。用跨学科学习的方式探讨"为什么用大拇指堵住吸管顶端穿透土豆效果更好"，在提升本节班会学术广度的同时，建立了德育与学科素养之间的联系。另外，用托物言志的方式对班会课进行总结和提升也比较有新意。）

作业：（1）制定本周的学习计划和落实措施。

（2）课后继续与同伴讲述自己克服困难的故事，并聆听同伴反馈，继续自己的好做法，改正自己的不足之处，积极面对接下来的阶段性测试。

（设计意图：本节课的环节三、四对于这节课来说只是教师对学生之间如何交流的一个指导范例，学生的交流除了课上部分外，课下还需要继续讨论、交谈、点评。既然如此，环节三与四就是给学生搭建讨论交流的"脚手架"，借助层层追问，反复确认，加以强化，内化于心。这一环节，学生可以借鉴教师给予的"脚手架"，深挖自己与同伴的经验与不足，以达到发扬优点，改正缺点的目的。）

学生泽宇感悟:今天班会课上,我们通过用吸管穿土豆的游戏活动,理解了学习要端正态度,找对方法,锲而不舍地去尝试等。听了敬芸的故事更让我感到自己在勤奋方面还是可以再进一步的。上了这节班会课有很大的收获,相信我们班的学习会越来越好。

学生炜钦感悟:在这节班会课上,我们用吸管穿土豆,并将经验投射到学习中。插土豆的吸管有很多种,但只有纸质的吸管最牢固,这让我们学习到,在学习中有很多方法,但总有适合的和不适合的,只有多次尝试,才能找到真正属于自己的得心应手的学习方法,从而让学习效果更好,效率加倍。

巧用方法，勇于攀登

授课人：贾国珍，青岛市崂山区育才学校班主任，区优秀教师、区教学能手，高级家庭教育指导师。曹春梅山东省优秀班主任工作室成员。

一、班会背景

学校教育层面：《中小学德育工作指南》指出，要以积极向上的力量激励学生，促成学生形成良好的思想品德和行为习惯。

初中学生层面：本节班会在五月初召开，一是因为接下来七年级有一次期中检测，想借助这次班会为学生鼓劲加油。二是七年级的孩子心智还不成熟，此学段是品格培养的关键时期，教师的引导更有利于培养学生的素养，营造班级良好的学习氛围。

二、班会目标

认知目标：明确期中检测的目的，营造班级良好的学习氛围。

情感目标：激励学生，使学生信心百倍地迎接期中检测。

美育目标：引导学生掌握正确的学习方法，感受学习中有苦趣，也有乐趣。

三、班会准备

教师提前准备好画一棵大树，颜料。部分学生代表提前准备发言。

四、班会流程

环节一：短片导入，实验热身

播放一个短片：教授在一个罐子里放满保龄球，看似已经满了；倒入一小袋石子后，又完全融入，这样看起来真满了；然后再倒入一小袋沙子，又全部融入进去了；最后倒入一杯啤酒，又完全渗透。

阿凤：教授做的这个实验，每次以为罐子满了，结果还能放进很多东西。再往下，我相信仍可以放下其他的东西。这就像人的潜能，每次你认为已经达到极限的时候，其实还有潜力可挖，你仍可以不断向罐子里塞东西。所以我们应该不断尝试在人生这个罐子里填充有意义的东西，坚信罐子永远不会塞满，你也永远不会到达潜力的极限。

艺丽：原以为罐子已经够满了，但教授最后拿出了啤酒，倒进了已经被装满的罐子里，却又没有溢出。学生们露出了不可思议的表情。这个罐子又何尝不是代表着我们的人生呢？

贤良：这个罐子就像人生一样，潜力是无穷的，看似已经装满了，但还是可以继续装入很多的东西，我们要珍惜这个特质，不能浪费了潜力的空间。

阿瑶：这个罐子就像时间一样，总会有很多的空隙，只要去发现，总会有可以利用的空间。就像我们学习中大块的时间和琐碎的时间都可以合理利用。

（设计意图：让学生看到每个人身上都有无限潜力，不要给自己设限，要对自己充满信心。鼓励学生挖掘自己内在的潜力，面对期中检测。）

环节二：了解自己，明确方向

用白纸写下"自己眼中的自己""自己理想中的自己""别人眼中的自己"。

子璇感悟：别人眼中的自己是认真、井井有条、幽默大方的。自己眼中的自己是生活较独立、喜欢拖延时间、有点愚钝、大方的。理想中的自己是独立、自律、可以按时完成任务的。自己眼中的自己多是缺点，但在朋友眼中或许优点远远胜于缺点，所以要全面认识自己，不要只关注自己的缺点，努力向理想中的自己迈步，最终成为理想中的自己。

雨琦感悟：别人眼中的自己是独立、努力、善于助人，能和同学和睦相处的。自己眼中的自己是笨笨的，有点害怕与人交往，容易紧张的。理想中的自己是自律、学习上进、能合理利用时间的。同学的赞美让我意识到自己还不是自我感觉中的那么差，以后与同学相处会更有信心。向着理想中的自己努力，合理安排时间，从这一次的期中检测复习就开始。

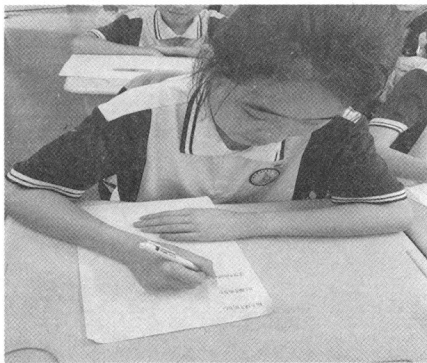

（设计意图：学生通过对比，既可以丰富对自己的认知，也可以看到自己需要提升的方向，向着理想中的自己努力。）

环节三：经验交流，取长补短
语文课代表：

（1）紧抓课本：我们首先要把课本上的知识全部掌握，特别是课本中的词语注释和词语表等。

（2）及时总结：我们在平日里复习的时候应该及时将所学到的东西进行温习，这样才能够记忆得更准确更长久，而且要将一些重要知识进行重复性记忆。

（3）培养能力：现代文、文言文、作文等都是考查大家能力的主观题目。虽然这些题目不是一朝一夕就可以提高的，但在日常学习中我们要有目的地培养这些能力。

数学课代表：
初一数学复习方法有四点。

（1）精做题，养成解题好习惯。

(2)深入理解概念和公式。

(3)总结相似的类型题目,做到举一反三。

(4)建立错题本,经常复习错题,节省时间,提高效率。

英语课代表:

无论完形填空还是阅读理解都要理解文意,理解句子,明白上下文逻辑关系。更重要的是日常积累一定的词汇。此外,认真考虑时态、词性、人称以及单复数的变化,注意固定搭配的使用。翻译句子时抓时态、语法点,注意标点。作文字迹端正,正式动笔前先打草稿。

(设计意图:各科课代表传授经验,便于同学们取长补短,整合复习思路,为期中检测做好引领。)

环节四:明确重点,有的放矢

如何在有限的时间内抓住重点来复习呢? 先来做一个游戏。

找一张白纸,认真思索,写下你认为最重要的五样东西,可以是人、事、物。然后根据他们在你心目中的重要性,依次划掉四样事物,只留下一样最重要的。

姝含:在碎片化的时间里,我们可以选择做一些琐碎的小事,也可以有重点地做一些更重要的事。当时间有限时,我们要学会选择最重要的事,就像复习要抓住重点,有的放矢一样。各科课代表讲的方法给我们指明了方向,我们要根据自己的情况学会取舍。

文媛:人的时间是有限的,但是看你怎么利用。要注意主次,必要时放弃一些当前不太重要的事情,比如开始复习了,就要先放一放自己喜欢的课外读物,全身心复习。复习过程中,老师强调的重点要先掌握,有时间再看那些不是特别重要的知识点。

(设计意图:此环节旨在引导学生在繁杂的复习中一下子抓到重点,有的放矢地展开有效复习,让目标更明确。也让学生练习取与舍,生活中的选择有很多,如何选择可能影响一生。)

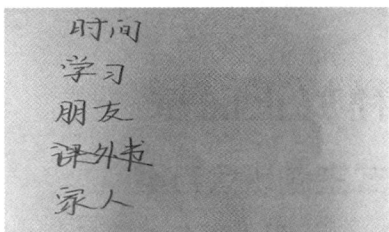

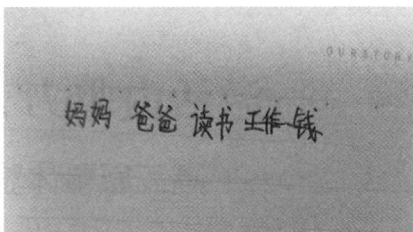

环节五:制定目标,奋勇向前

制定自己的奋斗目标,全班同学在画好的树上按下自己的手印,写下自己的名字,这象征着全班团结一致,共同合作进步。

(设计意图:写下自己的奋斗目标,方向明确,向着目标前行。树代表全班同学同气连枝,是同学间的相互鼓励、相互督促的方式,是目标,更是见证。)

环节六:教师总结,鼓舞士气

这次班会,同学们看到身边的每个人都是潜力无穷的,每个人都有无限进步空间,我们要清晰地认识自己,抓住矛盾的重点,向着理想的自己不断努力,只要目标明确,人人都会发光。

学生知非感悟:这次班会让我更清晰地知道我在别人眼中是优秀的,我要向着理想的自己进步,目标已经制定,我会努力去实现。

学生妮妮感悟:这次班会老师给我们设计了几个小游戏。通过小游戏,我对自己的复习方向有了更明确的选择。以前复习总是抓不住重点,也不够自信,这次班会后,我学会了学习的取舍,也对生活中的取舍有了新的体会。

激活内驱力，释放正能量

——高二叙事体验式主题班会方案

一、班会背景

学校教育层面：《中小学德育工作指南》指出，高中阶段要开展认识自我、学会学习、情绪调适以及适应社会生活等方面的教育，引导学生增强调控心理、自主自助、应对挫折、适应环境的能力，培养学生健全的人格、积极的心态和良好的个性心理品质。

高中学生层面：青岛十七中高二 11 班是一个"政史地"组合的文科班，这个班有 17 位艺体生，虽然艺术成绩非常不错，但是文化课相对薄弱。仅有 6 人的文化课能考进年级前 200 名，一半学生的学习成绩落在年级后 150 名。尽管如此，学生还是有一定向学力的，只是需要教师和家长监督，也需要契机激活内驱力，释放正能量。基于此，设计了这节课，目的是通过学生亲自体验，觉察自身不可小觑的潜力，挖掘平时被忽略，却实实在在蕴藏于内心深处的潜能，增加学习内驱力。

二、班会目标

知识目标：体验"一分钟拍手游戏"，积极探索一分钟多拍的方法与规律。

情感目标：学习同伴克服困难、增强学习力的事迹，见证故事中的优点，增强班级凝聚力。

美育目标：探索个人能为班级的成长、同学的成长提供的帮助，并从中尚美厚德励学敦行。

三、班会准备

教师提前了解学生特长及其奋斗历程，分析学生的成长亮点；准备计时器、"高手突破世界一分钟拍手游戏"的视频。学生调整座椅，关系比较好的同伴坐在一起。

四、班会流程

环节一:体验游戏,猜一猜,激发兴趣

教师:同学们,请你猜一猜,假如给你一分钟,你可以拍手多少下? 请把心里的答案写在学案上。

学生 1:40 下。

学生 2:一秒钟拍 3 下,我预计拍 180 下。

学生 3:120 下。

学生 4:70 下。

教师:写好之后,请同学们一起来试一试。

(设计意图:"一分钟拍手游戏"活动作为暖场环节,可以让学生很快进入情境。一开始,学生往往认为自己不会拍太多,也就五六十、七八十下,这为后面激发学生探究的热情做铺垫。教师让学生把心里的答案写下来,目的是便于进行数据比对,激发学生进一步思考。)

环节二:亲身实践,说一说,谈谈感悟

教师:一分钟拍手游戏计时开始。

学生:有快有慢,但无一不尽力拍。

教师:一分钟到。请同学们分享一下你拍了多少下? 用了什么方法,有什么感悟?

学生 1:我预计拍 40 下,结果拍了 220 下。我没想到有这么大的潜力,感到太不可思议了。

学生 2:我预计拍 100 下,结果拍了 150 下,我觉得坚持特别重要。尤其是最后 30 秒,手很累,听到曹老师说"继续加油",我没敢懈怠,坚持到最后。

学生3：我预计拍180下，最后拍了240下。我觉得设置目标要理性，量力而行就不会让自己失望。

学生4：我拍了300下，我就是什么也不想，一鼓作气，全力以赴，我对这个数字很满意。计数的时候，我用了一点小技巧：一二三四五六七八九十，二二三四五六七八九十，三二三四五六七八九十，四二三四五六七八九十……

学生5：我拍了260下，不是规规矩矩地拍，而是一只手不动，另一只手拍，然后两只手轮流休息，这样拍得更多。

师生体验过"一分钟拍手游戏"后，积极互动，挖掘"一分钟拍手游戏"的精神内核，最后总结。

（1）潜力。每个人的潜力都比想象的大得多，"一分钟拍手游戏"我们都能够有大的突破与长进，学习中，遇到困难我们也会有进步空间。

（2）坚持。拍到30秒就累了，这个时候坚持住，保持速度，可以拍得更多。即使结果比预计的少，也要鼓励自己决不放弃！

（3）努力。美好的结果往往是靠努力勤奋得来的。

（4）方法。拍手的时候如果以一只手为主另一只手为辅，也许会拍得更多。也可以左拍拍右拍拍，两只手交替，提高速度。

（5）计数。计数要找简便的方法：比如一二三四五六七八九十，二二三四五六七八九十，三二三四五六七八九十……

（6）态度。简单的事情重复做，也要有积极的态度。

观摩其他高手拍手游戏，将感悟内化于心，再次尝试追求进步。

经过第二轮尝试，班级里有8位同学拍的数目超过300，取得了巨大的进步。

（设计意图：这个环节中，大部分学生拍的数目比自己预想得多，甚至翻倍。这引起学生对这个游戏的积极思索。他们分别从潜力、坚持、方法等角度省察自己取得进步的原因，挖掘自己都没意识到的潜能与事半功倍的方法，为下一步自我赋能打下基础。）

环节三：叙事分享，悟一悟，增强学习力

教师：如果把"一分钟拍手游戏"的启发用于学习，回忆一下过往的学习和生活，曾经在什么时候你像今日拍手一样，增强了学习力？请分享一个具体故事。

崧渊：我是网球特长生，去年秋天我出去打了一场比赛。

教师：能不能分享一下？

崧渊：一场比赛共有六局，当时我2比5落后对方，还有一局我就要被淘汰了。然后我就告诫自己不失误，千万不能失误。在这种情况下我稳住心态，比分慢慢拉近,打成了 6 比 6 平的局面。比赛进入关键阶段——抢 7 大战,意思就是平局后谁先得 7 分谁就获胜。我和对手这个时候都没体力了,但是我的意志告诉我要坚持到最后。

教师:对,这个时候必须坚持。

崧渊:当时是我先发球,我决定改变一下发球的方法,就是使球多旋转一点。旋转球虽然在空中的速度不是很快但也暗藏玄机,旋转球落地时的速度会比正常球快很多而且球的弹跳也会不规则,这会使对手猝不及防,从而产生失误。我就靠着这种发球与对手慢慢拉开分差占据了上风。我发完球后就接对方的发球,对方也不是吃素的,连续几个快速发球使我无法招架,比分也被追了上来。但在最后,他的注意力有所下降。每人发球都有两次机会,他的第一次发球失误了,为了成功率,第二次发球发得很慢,于是我就抓住了这个机会,回了一个很快且角度很大的球,对方拼尽全力也没有接到这个球。最终比赛定格在了 7 比 6,我取得了最终的胜利。这场比赛我们双方都付出了最大的努力,彰显了坚持不懈的体育精神。

教师:分享得很好,表述得也很好,让师生身临其境。

教师:逸瞻同学是我们班吹笛子的艺术生。你是几岁开始吹笛子的?

逸瞻:7 岁。

教师:你今年 17 岁,吹了 10 年了。在你的经验中,有没有跟"一分钟拍手游戏"相似的经历?

逸瞻:有的,比方说我在练习一些华彩部分的时候,从很多方面来看,音准和技术是不到位的,这个时候需要把困难片段单独拿出来进行练习,通俗地说就是把它揉碎了,一点一点地对着节拍器和调音器,把困难片段练习熟练,通过量的积累来达到技术上的提升。这和"一分钟拍手游戏"很相似,都是要经过量的训练积累才能做成的一件事。有的时候我的音准会不到位,就会跟着调音器一个音一个音地仔细打磨,因为只要有一个音不准,整个曲子都会受到很大的影响。

教师:有瓶颈期吗?

逸瞻：有。

教师：能分享一下吗？

逸瞻：让我印象最深的瓶颈期，是在我初三马上要中考的那段时间。当时我的技术已经没有什么问题了，但是情感老是达不到老师对我的要求。有两个星期左右的时间，进步微乎其微。两周之后，我问老师我的问题出在哪里，老师说是情感方面出了问题，需要一点一点地解决。我们把整首曲子分成多个部分，一小节一小节地慢慢体会练习，再加上自己对曲子的理解。在老师的指导下，我又坚持练了两天，瓶颈期才过去。

教师：吹笛子如同写诗歌，仅有技术还是不够的，还要赋予情感。

逸瞻：对，但是在这个基础上还是要进行练习，一点一点增加对曲子感情的理解。理解还必须独到，让听众感受到音乐的力量和情感的共鸣。在整体感知曲子后，可以对曲子慢板、散板的地方加以自己的理解，赋予自己的感情表达。

教师：不容易啊，我听我们班同学说你对吹笛子非常痴迷，什么曲子都会吹，什么时候都想吹，那么为什么会坚持这么久呢？

逸瞻：竹笛是我从小练习的乐器。小时候，每个暑假我都会被妈妈强制拉去练习，其实是有抵触情绪的，但是每当我想到坚持那么久的不容易，无数汗水的挥洒，就还是坚持了下去，一直到了初二。老师对我说要对曲子加以自己的理解，而不是一味地照搬表面，忘了音乐本身带给人们的力量。听了以后我就想我怎么把我的情感加到曲子里面去呢？老师让我先了解曲子背后的故事，然后加上自己的感受。高一我加入了青岛十七中的民族管弦乐团，在杜文铮老师的指导下，对音乐情感、音乐色彩有了更加深刻独到的理解。其实民乐的本质就是传承，现在民乐可能不像西洋乐一样，有广泛的受众群体，但是我觉得身为一个学习民族管乐的青少年，我有必要把中国传统的乐器，中国的传统文化传递下去，这对我来说更像是一份扛在肩上的责任和担当。我想用我最大的努力让民乐更具年轻态和生命力。

教师：你的分享引起了曹老师的共鸣，我是班主任，其实不仅仅把教书育人当成一份工作，而是把它当成内心灵魂深处的表达。雅斯贝尔斯说教育是一棵树摇动另一棵树,一朵云推动另一朵云,一个灵魂唤醒另一个灵魂。我也一直在做这样的事,和你吹笛子一样。今天你分享得太好了。正好你把笛子也带来了,你先准备一下,一会儿吹一小段,好吗?

逸瞻:好的。

(设计意图:这是一个让学生能量流动起来并汇入学习经验的环节。高二11班有学生 47 人,其中艺体生 17 人,普通文科生 30 人,此环节在分享中不囿于文化课学习。艺术体育生的日常训练有很多故事,与"一分钟拍手游戏"相联结也可以传递给师生正能量。讲故事是学生非常感兴趣的课堂环节,可以增进感情,激发同伴见贤思齐的愿望。讲述者本身也会通过故事的梳理反躬自省觉察自身的闪光点,从而百尺竿头更进一步。)

环节四:同伴见证,评一评,强化效果

请一位同学谈谈刚才同伴讲述的故事中最打动自己的是什么? 这个故事对你有什么启发或者帮助?

君秀:崧渊打动我的是他在最危急时刻勇于逆风翻盘的勇气。他对我的启发是我们无论做什么事,特别是到最后,自己以为没有机会的时候,必须怀有希望,要坚持。这件事可以映射到生活中、学习上,在遇到困难和挫折的时候,要学会坚持,保持冷静的头脑。

教师:见证得非常全面,而且映射这个词让我们看到由此及彼的消化吸收与改变。

琳琳:我和逸瞻一直是同学,高一的时候,他有时候晚自习回家一直在练笛子,一直练,反复练,而且也没有很多休息时间,白天在学校还要学习。我就觉得他有一种长时间坚持的精神,这启发和帮助着我向他学习,做事情持之以恒。

教师:学习他持之以恒的精神,说得好!"儿童是成人之师",老师也和你一起向逸瞻同学学习。下面有请逸瞻同学为大家带来一曲笛子独奏。

(设计意图:学生中的好经验、好方法经过同伴的见证之后,可以更有效地让全班同学内化于心,外化于行。)

环节五:拓展延伸,挖一挖,关注"大我"

1. 展示前一阶段班级的各项成绩

班级在半年的时间里获得运动会团体总分年级第二名的好成绩。

常规管理经常被学校评为"月度先进班集体"。

沁远、晓冉同学分别获评青岛十七中优秀团委会干部。

宇航同学在"青春流韵,美在2023"艺术节期间担任大会主持人。

11班有7位同学参加校民乐团,经常外出展演,并获评山东省民乐团表演一等奖。

11班还有13位同学在学校艺术节"风采大赛"中获奖或者担任骨干成员。

班级学习成绩稳步上升,中游学生多,需要继续努力。

2. 一个人走得快,一群人走得远

请结合"一分钟拍手游戏"的体验,谈谈作为班级的一分子,你能为班级的成长、同学的成长做些什么?

班长全存:我看到曹老师课件背景图片的第一眼就联想到我们高二的运动会。当时运动会之后,我们每个班都要把自己的桌椅归位,搞好卫生。然后我就带着几个班干部一起干。50多把椅子,看见就愁。这个时候有一些同学看见我们在收拾东西,就留下来一起干,让我感受到了个体受到群体的影响和感染。之后在日常生活中,班级打扫室外卫生,我会尽自己所能地去干,以此带动同学们。在学习方面,我其实在高一学习成绩比较差,基本上在年级后三分之一,经过一次次努力以后,目前我的名次冲到了年级前四分之一。我们班佳昊、佳芮、晶奕等同学上了高二,学习努力勤奋,潜力非常大。我也希望通过我的进步去激励同班同学,取得好成绩。刚刚我们见证到班级的体育生、艺术生都在用自己的方式,用个人的力量发展得越来越好,这就为班级营造了良好的学习氛围。火车跑得快,全靠车头带。我希望我可以是我们班的好火车头,引领大家在学习上、生活中蒸蒸日上。

(设计意图:这个环节旨在提升学生的境界,从"小我"的患得患失走向"大我"的昂扬向前。班级就像人一样,也有自己的性格和品格。在前期做了充足的铺垫之后,此环节可以让学生意识到进步不是一个人的事情,水涨船高,集体进步了,个人置身其中自然会进步。集体需要个体的努力,还需要团结合作。一枝独秀不是春,万紫千红春满园。)

作业:(1)课后继续与同伴讲述增进学习力的故事,并请同伴评价,继续坚持优点,改正不足。

(2)制定此时此刻到期中考试期间的学习计划和落实措施。

姓名:

	阶段性检测成绩	期中检测成绩	4月12日—5月12日计划	自我评价(满分10分)
语文				
数学				
英语				
政治				
地理				
历史				
总分		总计划		

教师总结：

荷的天是自己把自己举起来
曹春梅

自己跃出水面

举起荷香荷香的碧绿

露珠跑来听成长史，蜻蜓点击着尖尖角

它们都不能停留太久

不能享受烈日和风

不能矜持着摇曳微笑

荷，自己把自己举起来

用一百倍的舒展，拒绝花朵在艳阳里打折

用一百倍的力气，阻挡杂质和水污

踩进淤泥又走出淤泥

弄脏了白生生，再洗净白生生

荷把自己举到哪里，精气神就飞扬到哪里

高度定在哪里，花朵就昂扬在哪里

一直不放弃，永远迎风起

教师反思： 这节课围绕"一分钟拍手游戏"展开，先让学生预计在一分钟内能拍手多少次，然后亲身体验。出人意料的是，大家的实拍数据均大于预估数据。以此为契机，引导学生说方法、谈感悟，主题班会的教育价值渐渐浮出水面。潜力与坚持、努力和方法等都是学生在感悟中被反复提及的关键词。叙事分享是本节班会课的重点，班上一位网球特长生将自己去年在淘汰赛中逆风翻盘的经历娓娓道来，听者无不为其顽强的意志品质所打动，本次班会的主题得以诠释。见证故事环节伙伴踊跃发表自己的感想，语言触及心灵，进行主题教育的同时，密切了同伴关系。最后是主题的深化和升华，从关注"小我"到关注"大我"（班集体），在问题引领下，班长等人各抒己见，谈论如何以实际行动促进班集体建设。整节班会环节紧凑、比较吸引人，问题设置层次分明、指向明显，师生互动也流畅自然、生动有趣，且有着坚实的学理依据。不足之处是超时10分钟，班主任在访谈环节要增强叙事心理指导者的问答技能，增强心理健康教育专业能力。

齐鲁名班主任枣庄三中王伟老师点评： 读万卷书，不如行千里路，在省培会议上，在美丽的青岛十七中，通过曹春梅老师的班会课，我才第一次近距离接触到了体验式班会课。从环节上来看,体验式班会课应该由创设教育情境、研讨形成共识、认知赋能现实、巩固强化提升这四部分组成。下面就以曹春梅老师的体验生成叙事式班会课为例,来对这四个环节进行展开。

1. 创设教育情境

班会课首先展开一个"一分钟拍手游戏"体验活动,大屏幕有一分钟倒计时PPT 动画,活动开始前,曹老师要求学生预定拍手次数目标,在活动开始后,气氛一下子达到顶点,活动停止后,统计数据。

2. 研讨形成共识

这是本节课最重要的部分,从内容上来看,应该再分为活动本身的分析、认知前后的变化、新认知与德育目标的结合三个角度。

(1)活动本身的分析。预定次数与实际次数的对比,拍手方法的呈现与改进(包括拍手的力度、角度、速度,一手动还是两手动,手与手的距离,手腕和手肘动不动)。

(2)认知前后的变化。做到的会比想到的要好,不同的思想产生不同的效果,方法是解决问题的关键,努力才会超越,坚持是解决问题的保证,简单的事情也要保持最积极的态度。

(3)新认知与德育目标的结合。活动形成新知,新知赋能目标,通过设问提出:这节课的德育目标是学习力。

3. 认知正能量现实

本节课紧扣德育目标学习力,展开学生叙事环节。类比今日之拍手的努力和改进,回顾过往学习历程,分享个人具体事例。每个叙事之后,要有另外一位同学进行点评见证。叙事与见证相得益彰,互为强化,非常自然地实现了由课堂事例到切身事例,由当堂认知到现实认知的迁移过程。学生将拍手体验活动得到的感悟,与自己过往经历相印证,主动将这些感悟,生成解决新问题的思维方式与具体方法,由学生自动地解决了本节课的德育目标——如何增强学习内驱力,增强正能量。这一过程是本节课的重点,也是对教师能力的最大考验,要求教师充分地以学生为中心,充分调动学生的积极性,课堂活而不散,灵而不乱。教师必须形成充分的思想认知,如果按照固有的班会课模式,以教师为主导的话,就完全失去了体验式班会课的灵魂了。

4. 巩固强化提升

如果学生的叙事与见证是对拍手游戏感悟的一次加深,是一次内驱力赋能,那么课堂在接下来过程中,呈现了班集体过往一年中的荣誉与辉煌,通过学生们最熟悉的片段,将内驱力赋能后的认知予以巩固,是对正能量的进一步强化,是个体内驱力赋能向集体内驱力赋能的转变。

班会课的最后,曹老师以一首诗来对内驱力赋能后的学生们进行了美的升华,将文学美与积极阳光的心态相结合,学生不仅得到了新的认知,而且还会在最后受到美的熏陶,从而形成了本节课最全面与最大化的正能量育人效果。

第五模块
活动呈现

收获·遗憾·期待

——高一运动会总结班会

一、班会背景

学校教育层面：国家要求学校引导学生增强调控心理、应对挫折、适应环境的能力，培养学生健全的人格、积极的心态和良好的心理品质。

高中学生层面：一场盛大的运动会结束，学生必定有很多感慨。这时候召开一节班会课，将收获、遗憾、期待挖掘出来，有利于班级向前发展的时候更加团结，更加进取，取得更大的进步。

二、班会目标

认知目标：认知本次运动会学生们的收获以及发展体育运动，增强体质的运动精神。

情感目标：通过运动场与观众席上学生的分享与感悟，整个班集体增进团结的力量。

美育目标：感受运动之美和众志成城之美。

三、班会准备

教师准备运动会图片。

四、班会流程

环节一：回放运动会系列图片，回忆美好的高光时刻

（设计意图：运动会照片展现的是每个运动员的高光时刻，它们对于班会的内容导入可以起到很好的暖场作用。）

环节二：本次运动会，你收获了什么？请列举并小组分享

容楷：1500米跑得最快的一次。收获了同学、老师的鼓励和支持，呐喊与助威。

嘉婧：我带记者团2020级新成员进行采访活动，参与班级仰卧起坐比赛，

我完成 40 个。收获了团结、班级凝聚力、运动员坚持不懈的精神。

子文：认识了班内许多运动健儿，他们是最棒的。虽然肌肉酸痛，但是收获了友情。

玮玮：烟花和气球很好看，各班方队走得很整齐，运动员们奋发向上永不言败，观众为运动员加油，团结一心。

泽宇：运动员拼搏顽强，坚持不懈，在赛场上积极为班争光；场下的同学们击鼓呐喊，加油助威，无不体现了班集体的团结向上，积极进取的精神。

泓烨：100 米突破了自己的记录，永不言败，增进了与同学之间的默契和感情。

思彤：人生第一次跑 1500 米，虽然是最后一名，但是虽败犹荣。和朋友一起吃午饭，第一次组织同学为运动员呐喊助威。

云昊：与同学一起参与运动会，作为运动员兴奋与紧张并行。

孜奕：群情激昂的运动会使我收获了不畏艰难、勇往直前的奋斗精神，我要在学习中发扬这种精神，做最好的自己。

扬扬：虽然晒黑了，但收获了同学们的友谊，见证了冠军的风采，十分开心。

邵琦：班级团结，拥有巨大的集体荣誉感，成员彼此关爱，形成一个紧密的团体。

忠洵：巧克力、矿泉水、牛肉干、渐变的肤色、同学的友谊、团结的精神、美好的回忆。

阿策：对班里同学的特长有了更深入的了解，增进了与同学们的友谊，对开学接近一个月紧张的学习生活进行了放松，身心得到舒缓。

一鸣：班级团结，积极向上，有拼劲儿，有干劲儿，心齐且正。

蓝蓝:收获了快乐、开心、喜悦、惊喜。

阿韦:取得了 4×100 米的名次,增进了与同学们之间的感情,运动员与观众之间相互支持,相互配合。

曹老师:

(1)班干部团结、有胆识,敢说敢做,没有私心。

(2)继楠、泓烨、阿策、伟森为班级争得荣誉……思彤、云昊、子文、栋良很有爱心……

(3)班长很大方,自己带东西给大家吃。班长与团支书性格、能力互补。

(4)卫生班长很有责任心,干活很主动且给力。

(5)全班大部分同学做事情有分寸。

家委会主席宇航妈妈:收获家长爱心矿泉水、小喇叭、手把彩条、两个大鼓、牛肉干、奶酪……

(设计意图:学生回味收获,能够提高学习效果,加深对德育的理解,增强问题解决能力,培养自我管理能力和提升自我意识与自信心。这些都为学生的学习和成长打下了坚实的基础。)

环节三:本次运动会,你的遗憾是什么?请列举并小组分享

策策:运动会前两天练引体向上过度,导致比赛当天未能发挥最好水平,没有在擅长的长跑方面参赛,未给班级争得更多荣誉。

森森:长时间不锻炼,体力大幅下降,第一个项目失误没使上全力,导致今年成绩比往年差很多,希望高三运动会可以弥补。

阿加:虽然个人做到极限且取得好成绩,但团体项目成绩不佳。

琪市:男子跳远未能拿到名次,女生仰卧起坐没有做很多个,没有拿到名次。

飞飞:学校展演看不见,好几个同学比赛弃赛很可惜,团体总分没有取得预想的好成绩。

曹老师:

(1)运动员入场时,未战先怯,对自己的实力了解不足,内心不强大。

(2)男强女弱,班级体育有亮点,但是发展不均衡。女生弃赛多,责任感欠缺,尚不能与男生并肩作战。

（3）观众席上男生"低头族"有十几个,冷漠,缺少对班级情感的感知能力。

期待:

（1）全班加强内在美建设,均衡发展,做内心强大的人。

（2）集体具有包容性,女生要重视体育运动并提高运动质量。

（3）"低头族"要学会感受集体的温度,并学习对班级付出爱、表达爱。

（设计意图:这个环节其实是师生重新复盘,自我反思的过程。学生在反思过程中需要对自己进行全面的审视和评估,这能够培养学生的自我意识,让他们充分认识到自己的优点和不足。通过反思和总结,学生可以认识到自己的潜力和能力,从而增强自信心。）

教师反思:这次运动会男生取得了非常突出的成绩,比如在男子 100 米、200 米、4×100 米、400 米的短跑中,都有小组第一的好成绩。可是女生就不行了,不但所有的项目没有得分,而且在已经报名的项目中,有的女生随便弃权。这引起男生的愤慨,要求在运动会结束后,班主任对女生好好批评一顿。当然,班会课不能变成一个对女同学的批判会。所以课题是"收获·遗憾·期待"。最后男生对女生还是表现出了宽容与包容,女生也感受到了男生的情绪和期待,相信她们在未来的日子里一定会做出改变!

班长感悟:这次班会课召开之前,我非常生气,觉得我们班女生太不争气,拖了男生的后腿,希望老师能够好好地批评她们。可是在班会中,我也意识到,身为班长,应该对女生包容,平日督促她们锻炼身体,期待她们能在下一次运动会中有明显的进步。

学生多多感悟:从小到大我都是运动健将,只要参加体育比赛就没得过第二。我所在的班级每次都跟着我拿到了很多体育方面的荣誉,颁发了若干张奖状。可是今年的运动会,居然没有取得好名次,我们男生都非常气愤。这节班会课曹老师处理得很艺术,既表达了对男生的赞美,说出了我们男生的心声,也表达了对女生的期望。希望全班在运动会后更加团结,能够取得更大的进步。

昨日鏖战急，今朝更好看

——高二运动会总结班会

一、班会背景

学校教育层面：高二秋季运动会圆满结束，班级参与学校大型活动后，学生如果能够自己总结成长与不足，自我教育，个人将更加成熟，班级也将更加团结。

高中学生层面：此次运动会，班级比以前有了很大的进步。首先，班长能够独当一面，带领同学们演练入场式；其次，学生的体育成绩较上一次有很大的进步；第三，本次运动会开幕式展演，学生抽签抽到了表演西柏坡进京这一段党史，全班就此进行了党史的学习和展演。

二、班会目标

认知目标：了解中国共产党从西柏坡进京的历史意义。

情感目标：通过运动会开幕式的集体排练和表演，增进师生情感，增进集体荣誉感。

美育目标：感受体育带来的健康美以及运动会的展演美，党的奋斗之美。

三、班会准备

教师准备轻柔的音乐和学生运动会的照片，租赁服装。

四、班会流程

环节一：呈现昨日鏖战急——回顾运动会开幕式展演的准备工作

（1）班长带头画出运动会开幕式行程图，并在班主任不在的情况下，带领同学们训练得有模有样。

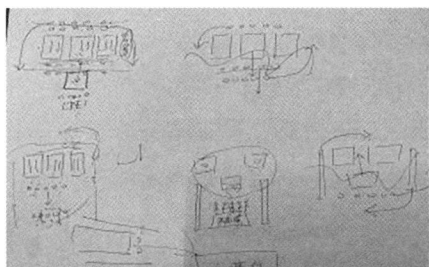

（2）同学们表演党史片段西柏坡进京，初试军装非常新奇。

（3）运动会开幕式同学们表演党史片段西柏坡进京，展现出良好的爆发力。

（4）开幕式结束后的运动会展现了同学们奋勇拼搏的精神。

（设计意图：学生对自己运动会的表现，有的时候只有个体的、点的回忆，没有班级的、全面的认知。这个环节，教师将学生生活中的各个散点连成一条线，帮助学生对班级活动有整体的感知。学生此前没有看到运动会中自己的照片，这些照片在班会课中播放，学生很新奇，也促进了师生情感的融合。）

（5）运动会成绩：团体总分第二，开幕式展演优胜。

环节二：学生代表对运动会进行总结

观众代表阿弘：这一次运动会女生表现得特别好，参加运动会的女生没有一人弃权，大家都尽力在赛场上拼搏，尤其女子 1500 米，报了两个人，很有意志力。彤彤和容棺都取得了名次，女生拿了 7 分，比去年一分不得和轻易弃权有明显的进步。建议全班给女生鼓掌！

观众代表阿震：当观众其实很无聊，但是看到泓烨回来了，我还是很为他能取得男子 100 米小组第一骄傲，所以赶紧给他按摩肩膀。今年班级里同学们都很棒！

运动员代表阿豪：去年咱们班级没取得名次，今年得了团体总分第二，与第一就差一点点。感到今年士气大振，同学们比赛的时候都很努力，发挥了敢打敢拼的精神，谢谢大家给我加油，运动会很开心，下面我们就该拼学习了！

运动员代表文轩：去年报的项目没发挥出特长，今年 400 米跑了全校第 2 名，也给大家照了很多照片。运动会开完了同学们就好好学习吧！

体育委员继楠：大家总结得很全面了，谢谢对我工作的支持，希望大课间的跑操，同学们能更加认真，有好身体，才能更好地学习。

（设计意图：运动会结束并取得荣誉之后，教师让学生从班干部、运动员、观众等各个角度进行自我总结。这有助于学生自己唤醒自己，自己让自己觉悟。

学生会自己发现有哪些创造,哪些优势;自己领悟还有哪些地方需要进一步改进。这个过程就是从舒适区走出来,向"最近发展区"迈进的过程。)

环节三:教师总结并升华班会主题

这次运动会,同学们展现出来良好的风貌,很多同学有很大的进步。我们的班长泓烨同学,带领同学们在操场上训练方队,他像工程师一样画出了方队排兵布阵的图纸,让曹老师看了非常感动。犹记得有一天我开完会来到操场上,同学们已经开始在班长的带领下排练了,你们有条不紊,步伐整齐,让老师看了,感到我们班集体成熟了,同学们成长了,班级的自主管理上了一个新的台阶。运动会开幕式的展演需要借服装,家长们给予了很大支持,同学也克服了很多困难,自编团队造型,自己组织台词。临场发挥激情饱满,台风稳健,获得全校领导、老师和同学的赞赏。运动比赛中,无论是男生还是女生都奋力拼搏。男同学的短跑和 4×100 米接力,位居年级前列;女生也在原来的基础上有了新的突破。操场上的运动员积极拼搏,奋力争先;观众席的同学们鼓擂助威,团结一心。可以说,这次运动会中的同学们,从自主管理到临场发挥、奋力拼搏都表现出了奥林匹克精神,我们的班级,也在学校提供的平台上获得了很好的成长。

(设计意图:学生总结之后,班主任画龙点睛,进行必要的补充。)

教师反思:每次大型的班级活动结束之后,班主任都需要带领同学们对这次活动进行总结。在回头再看一眼的过程中,师生会深刻地发现自己的成长和进步,也会发现不足。这对于集体的成长是有益处的,也是班级隐形文化积聚、文明沉淀必不可缺少的一个环节。

学生文明感悟:运动会结束了,虽然我没有报项目,可是看到我们班的运动员取得了团体第二的成绩,心里非常高兴。我想班级凝聚力也会在这次运动会之后大大提升。我们班在展演西柏坡精神的时候,我穿上了军装,拿起了枪,扮演一名解放军战士,非常自豪。希望学校以后多组织运动会开幕式展演这样的活动,也很感激曹老师在活动结束后召开班会,让我们都看到了自己的进步。

学生文轩感悟:运动会前,我让妈妈给班级借了一个大鼓。在运动场上奔跑的时候,班级同学为我们鼓擂助威,我心里很高兴,跑得就格外起劲儿。今天的班会,同学们都很兴奋,受到鼓舞。希望同学们平日也能好好锻炼身体,增强体质。

春在溪头荠菜花

——学农劳动总结主题班会

一、班会背景

学校教育层面:在五育并举的前提下,学校引入新的教育方法,带领学生下乡学农,以适应学生需求和时代发展的变化。

高中学生层面:2021年4月6日至10日,青岛十七中2019级、2020级两个年级到青岛市即墨区金口镇学农基地集体学农,2019级8班作为其中的一员,在即墨金口完整地接受了为期一周的劳动教育,获得了很好的成长。

二、班会目标

认知目标:认知学农的目的和意义,珍惜劳动成果。

情感目标:领悟劳动之美、团结之美、人情之美,进一步培养学生吃苦耐劳的精神。

美育目标:促进学生将班会课内容转化成实际行动,多多劳动,建设美好生活。

三、班会准备

教师给每位学生发一张带有班级徽章的班会专用纸,以备写关键词;邀请本班英语老师李坤参加班会,为学生颁奖;提前准备学农优秀学员奖状;整理学农的70张照片,以幻灯片的形式播放;准备背景音乐《想念你》。

四、班会流程

环节一:回顾学农生活,分享学农感受

1. 观看70张图片,回顾学农生活点滴

(设计意图:学农期间,班主任为学生拍摄了大量的照片、视频,学生因为不能带手机没能够和老师及时分享。此刻,在音乐声中,师生一起欣赏学农照片,有助于把学生迅速带入班会情境,从而达到暖场的目的。)

2. 请用三个关键词概括学农劳动生活感受,并在小组内分享关键词背后的故事

团结、友谊、快乐、交流、劳累、腿疼、充实、辛苦、困、二十公里……

(设计意图:因为课堂时间有限,不能够分享大篇幅的生活感受,所以用写关键词的方式,请学生们将自己最深刻的感受表达出来。之后,请小组长在黑板上进行汇总,学生们组内进一步分享故事。)

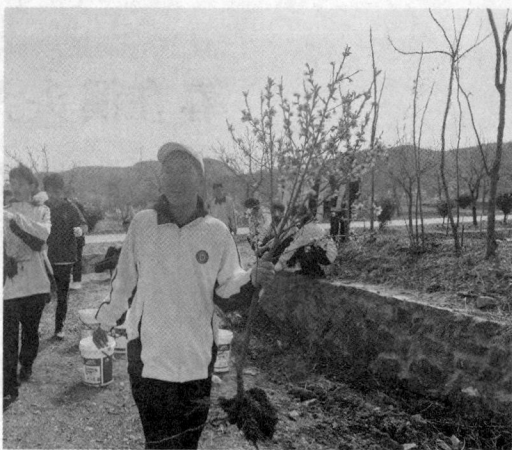

环节二:小组代表分享关键词和学农劳动故事

明阳组:野炊活动总是最令人激动的,大家一起垒灶台,一起拾柴火,一起做食物,其乐无穷。那柴火堆里的星星点点,转瞬间烧成了一团。刹那间,我想,它也引燃了所有人的内心。两小时的时光里,原本清寂的树林欢声笑语。所有人为了同一个目标去协作,去勇往直前,这种劲儿,这种属于青春的闯劲儿,是我学到的最深刻的东西。

蓝蓝组:最令人激动也最令人害怕的是"读走皋虞"二十公里"拉练"。二十公里,一个听上去很庞大的里程数,但是我们班没有一个人放弃,同学们在歌声中走完了最后一米。在走的过程中也学习了传说中的琅琊王氏,了解了王家的辉煌和衰落,虽然老师只是将琅琊王氏的族谱粗略地讲了一遍,却让我们留下了深刻的印象。"读走皋虞"后的一天,同学们的热情丝毫不减,拖着疲惫的身体,种下了好多树。班长还有幸接受了青岛电视台的采访。植树结束后,我们又学习了种植大蒜和立体栽培,知道了椰子皮的妙用,学到了无土栽培的原理。

活动结束后,我们并没有和别的班一样回宿舍休息,而是在室内开始准备晚上的歌唱比赛,同学们从一开始的记不住词到后来的流畅表演,每个人都有很大的进步。

大壮组:这次学农,我体会颇深,其一便是体察到农民的朴素、真诚、热情、勤劳。学习农民吃苦耐劳的精神也是学校举办这次活动的目的所在。若说到学习务农技术,我们仅仅是知道皮毛而已。在农田里干活时,没有被认为是搞破坏就算好了,哪还谈得上帮忙;但学农基地的老师们的宽容、博爱、勤奋,令我们折服,并下定决心要继承并发扬这种精神。其二便是对新农村有了新的认识,现在有许多学生整天把自己关在家里,"两耳不闻窗外事,一心只读圣贤书",对身边的事不甚了解,更遑论遥远的农村了。而今农村的新面貌展现在我们的眼前,我们通过实际观察了解了整体概况,通过务农活动,走出安逸笼,以了解农村为基础,成为一位关心国事的进步青年。

泽宇组:令我印象最深刻的活动当属我们徒步二十公里的"皋虞拉练"。在学农之前,我对于琅玡王氏知之甚少,可以说只是知道,但这其中具体有哪些人,他们又有怎样的成就,我不是十分了解,因此我在听取了专业老师的讲解之后才具体了解到原来大名鼎鼎的王羲之与琅玡王氏有着渊源,也了解到像卧冰求鲤、东床快婿等脍炙人口的词汇皆出自这里。在对皋虞古城有了初步的了解之后,徒步皋虞才是这次活动的重头戏。其来回的路程有将近二十公里,在我们刚刚出发时,大家还有说有笑,唱唱跳跳翻过了一个又一个的山坡,途径了不少村庄,到路程的后半段,正值中午,太阳的光线渐渐变得刺眼起来,我们越来越感到疲惫与不适,但还是准时抵达了终点。只见路的两侧竖立着历代皋虞侯雕塑,上面记载着他们的生平事迹,这使我们对琅玡王氏留下了更为深刻的印象。经过简单的午饭与休息后,大家踏上了归程,大量的体力消耗与烈日的曝晒使很多人逐渐体力不支,有的同学出现中暑的情况,我的脚疼得厉害,就像骨头要散开一样,每多走一步路都是对我的考验,有时候我真的很想停下来喘两口气,舒展一下我的脚趾再出发,但看看身旁的同学虽然都非常累,有的甚至脚上都被磨起许多泡来,但还是依然咬牙坚持向前走去。受到同学们的鼓舞,同时身为八班的一分子,我怎能轻言放弃?抖擞精神,重整旗鼓,跟同学们继续聊天以分散体力不支所带来的痛苦,可以说回程时全靠意志力支撑下来,不知道走了多久,终于看到了熟悉的学农基地,这时我才松了一口气。

合唱比赛与大摇绳活动再一次体现出班级团结与斗志,其实许多同学包括我在内都不是很会跳大摇绳,但为了给班级争得荣誉,并让自己更好地参与和体验这次学农生活,大家都拼尽了全力,尽量让我们的表演或者是比赛更加出色,让我们的整个班集体更加团结。

阿策组:周二中午,我们初到基地,同学们面对着崭新的宿舍,熟悉而又陌生的环境,都显得有些兴奋且紧张。我们收拾好生活用品,分配、布置好宿舍,便开启了学农生活。下午我们进行了中西方饮食文化课程的学习。可能是因为初到基地的原因吧,同学们显得非常积极与活跃,认真思考、主动实践。在课程中我们对于中国及西方的饮食文化有了系统的认识,完成了学农生活的初体验。晚上,学校举行了英语演讲比赛,聆听着台上同学们流畅的英语表达,看着他们大方的表现,我非常敬佩。

教师分享:这次学农,同学们对老师很好,有什么好吃的,都先给老师尝一尝。在皋虞小学,吃饭时我没拿筷子,琦琦挨着我,一听说,立刻起来帮我找了双筷子。若干同学主动帮老师提皮包、拎马扎、端稀饭、送东西,林林总总不计其数……同学们在学农总结中感谢老师的辛苦陪伴,让老师心里很暖。

(设计意图:这个环节的设计目的有两个:一是通过讲述自己的故事与其他学生获得情感上的共鸣;二是讲故事本身也是反思的一种形式,适合于引导学生从感性走向理性,思考学农的目的和意义。)

环节三:学农评价

舍长评价:每位舍长评价令自己印象最深刻的一名舍员的故事。

(设计意图:分享了故事之后,教师引导学生将注意力从事迹本身引向故事背后的人,毕竟班会课关注的是学生的成长,这个环节起到承上启下的作用。)

教师评价:

(1)全班师生善始善终,学农五天没有一个半途而废的。

(2)各类集体活动全班都积极参加,尽最大努力为班级增光。

(3)各宿舍内务尽心尽力,没有哪一天是乱七八糟的。

(4)班干部独当一面的能力大大提升,尤其是泓烨、继楠、家玮,表现突出。舍长凡迪、鹏飞、家玮、阿璇、文瑄、云昊、维森完美完成任务。

(5)歌咏比赛获得了"最具人气奖",大摇绳比赛年级第二,小跳绳五男五女积极参加,班级获得了英语演讲比赛三等奖,跑早操最佳班级奖。

请李坤老师为同学们颁奖。

(1)学农优秀学员奖。

(2)体育积极参加奖。

(设计意图:邀请任课老师为同学们颁奖,一方面是让任课老师从生活的角度再次认识学生,了解学生,融合与学生之间的情感,日后更好地促进学科教学;另一方面也发挥任课教师作用,促进班级师生的融合。)

环节四:重新认识"大刚买鸡"事件

班长回忆:最兴奋难忘的一件事便是野炊了。传统的野炊活动是自己生火,煮地瓜、芋头、花生,但传统野炊貌似并不能引起我们的兴趣。正值合唱比赛结束,大刚和阿睿因身体不适回宿舍休息,我作为陪同也跟着回去。在休养之空,我们在一起聊天,正好聊到昨天的二十公里拉练,聊着聊着想起了路上的农户,大刚便提议去那里买两只鸡改善一下伙食,听到这个大胆的想法我内心一震,生怕出纰漏,便说:"太危险了吧,万一被抓到怎么办?"但大刚并没有因我的劝说而犹豫,反而坚持了自己的想法,借了一件外套便冲了出去。随后我因回去处理班级事务,并不知后事如何。待到回到宿舍,才得知大刚顺利买了两只生鲜大公鸡并带回了一些调味料。我们利用零碎的时间用酱油和盐对鸡肉进行腌渍,别看在家不一定干活,但忙活起来井井有条。第二天,腌了一夜的鸡肉色泽诱人,光看到这些,就能想象接下来野炊时的快乐。早饭后集合前,我们又争分夺秒地串肉,动作行云流水,在大家的努力下,烤鸡的准备工作算是完成了。

到了野炊地点,我们自行成组,按照之前的分工紧张有序地开展工作——搭灶台、拾柴火、生火、端锅……这估计是我们班最有效率的一次合作,别的组刚搭完灶台,我们已经把火升得很高。紧接着便是激动人心的烤鸡环节,即使出现了木签烧断和鸡腿不熟等困难,但同学们集思广益,通过架锅煎鸡肉、加高灶台和洗干净竹棍作烧烤架等迅速解决了问题。每个人都非常积极,跑来跑去争着做自己力所能及的事情,这种高质量的合作让在一旁煎鸡肉的我非常震撼,真希望这种凝聚力能一直伴随我们班,使我们成为一个无坚不摧的集体。"呜呼,好了!"伴随着这一声呼喊,第一块鸡肉烤好了,同学们聚过来一人一小口,吃完后满脸幸福,说不出得开心。就这样一块块鸡肉出锅出炉,一个个人都尝到了美味可口的鸡肉和劳动过后收获成果的喜悦以及朋友情谊的香醇。哨子响,鸡肉尽,快乐的野炊伴随着同学们的欢笑声愉快结束了。

这次学农我思考了两个问题,一个是男生的胆识,另一个便是团体的凝聚力。大刚白天拉练时经过养鸡场就留了心,成功以病假的借口,离开老师的视线后,趁夜跑出学农基地,花了160元买回两只生鸡。他把鸡无偿地和同学们一起分享,展示了什么是男生的胆识和敢闯的冲劲儿,这一直是我身上所欠缺的,可能是从小被限制太多和自身性格的原因,我一直是一个较为拘谨和优柔寡断的人。经过这次学农,通过这次野炊,联想大刚的过往,我对胆识这两个字产生了新的思考和理解。而团队凝聚力、合作的力量在这次学农中也体现得淋漓尽致。希望我们班能够凝聚起来,构成无坚不摧之势,合力破困、勇攀高峰!

教师观点:大刚买鸡这件事从我个人角度来说,我非常欣赏大刚在这件事中展现出来的某些个人魅力,很多同学同我一样看到了他平时难得展露的一面,喜欢他,愿意跟他做朋友,而且这两只鸡确实给班级带来了凝聚力和快乐,提供了情绪价值。

作为班主任,我的角色带给我的思考角度是不一样的。我要问问同学们,学农最重要的事情是什么？（学生回答：安全）排第二位的是什么？（学生回答：快乐……）不，排第二位的是团结。一个班级出门在外，如果学生打起来了，内部人自己打起来了，外人就很容易欺负这个班，因为你自己内部不团结嘛，师生日后会留下痛苦的回忆！所以，身为班主任，我首先注意每个同学都是安全的，第二就是内部一定要团结，第三是纪律。所以大刚买了两只鸡之后，男生都很兴奋，获得了快乐，而且这两只鸡几乎把所有男生（本班38位男生，10位女生）都团结起来了，留下非常美好的回忆。但大刚一个人深夜违规跑出学农基地，这件事是存在巨大安全隐患的，我们不能忽视这一点，毕竟大家尚未成年。

现在，我们重新回到学校，什么排到第一位？（学生回答：纪律）对，因为纪律直接关系学习效率，触犯纪律会损害大多数学生的切身利益，所以作为班主任，大刚违纪就需要接受违纪的处罚。单单处罚大刚显然有失公平，所以"买鸡"前后的13位男同学以各自擦黑板一周的劳动方式向班级表达歉意并弥补破坏纪律造成的损失。

学生反映：老师言之有理，大家可以接受。

（设计意图：学农期间大刚买鸡这件事情是有争议的，同学们如果不了解随着环境的变化，团结与纪律的主次关系也发生相应的变化，就会误以为纪律是可以随便破坏的，从而在日后的班级管理中产生破窗效应。班主任及时引导学生用发展的眼光看待团结与纪律，促使学生重新回到校园正轨中，敬畏纪律，保障学习效率。本环节旨在正本清源，让学生明辨是非。同时处罚又不宜过重，应关照到学生的心理感受。）

环节五：总结学农的意义

（1）回放合唱《水手》视频，并将这支歌作为第一首班歌。

（2）学农的意义大于学农本身。通过学农，同学们提升了三大能力：自治、自管、自强；增强了三大意识：集体、竞争、荣誉；强化了三大精神：热爱劳动、吃苦耐劳、珍惜成果。

（设计意图：这节班会课力争让学农的劳动教育可持续性发展，教师用毛笔抄写更是凸显了学农活动意义重大，这也是本节班会课卒章显志之处。）

教师反思：这节班会课用呈现—对话—反思—倡导的方式将学农期间的点点滴滴串联起来，学生从感性到理性，从事件到人，从普遍到特殊进行了一系列思考，思想在这节课中得到了提升。教师处理"大刚买鸡"注意了度的把握，既强调了纪律的重要性，又保护了师生其乐融融的情感氛围。学生概括关键词的答案比较分散，在设置问题时可以给出一定的限制，避免观点过散和答非所问。

学生继楠感悟：

学农光阴

二十个人彻夜的泪水能化成一条河吗？

也许不行。

二十个人共同的力量能撑起一片天吗？

也许不行。

五十个人同时的尖叫能唤醒沉睡的龙吗？

也许还是不行。

但是，如果你问我，世界上什么最美？我会说五十个人灿烂的微笑。

如果你问我，世界上什么最珍贵？我会说五十个人晶莹的泪。

如果你问我，世界上什么不可战胜？我会告诉你，五十个人团结的力量！

或许，这些微不足道；

或许，这些理所当然。

但这种种，让我看到了团结的力量，

让我体会到了细小的感动。

如今，五天过后，

我们不会皱眉，不会嫌弃，

不会抱怨，不会感叹，

只带着满心的不舍与感谢。

在十六岁的日子里，感谢艰苦中的甜蜜，

感谢付出后的收获，

感谢团结后的感动。

在学农基地的上空，我看到了最美的天，

我看到了飞机滑过蓝天后最美的风景。

在基地的食堂里我看到了最伟大的表演，

我听到了最声嘶力竭的欢呼声。

在基地的寝室里，我流下了最多的泪，

但我换来了最温馨、最温暖的感动！

学生蕴涵感悟：我们在学农基地度过了五天，其中有苦的，也有甜的。五天的生活不光让我们学习到了一些新知识而且也让我们学会了自理，增强了同学之间的友谊和团队合作能力。五天对于我们来说，并不长但也不短。第一天乘车经过2个多小时，疲惫的我们来到了位于即墨的学农基地，充满着新鲜感、好奇感，我们来到宿舍，收拾着自己的东西。第二天在这里，我们学中医，学礼仪，做蛋糕，种树，野炊，观赏花草树木等。我印象较深的是做蛋糕，我们几个同学一组，手忙脚乱地按老师说的步骤，不停地轮流搅拌，一直到手酸起来时，盆中黄澄澄的蛋清才变白。尽管在家里常常自己做些小甜品，但和同学们一起做出成品又看着它们在烤箱里一点点膨胀起来，那种喜悦却是从未体验过的。五天内有让我们累到爬回宿舍的徒步拉练，也有让我们笑岔气的做蛋糕抹奶油，我体会到了劳动的快乐，收获了幸福。

家长评价：非常棒的学农总结和主题班会，尤其是大刚买鸡这段给学农活动增添了很多乐趣，延伸了很多思考。儿子回来激动地告诉我们的时候，作为妈妈也是惊喜之余表达了担心。我们班主任的处理方案有肯定，有批评，都是基于保护孩子的立场出发同时兼顾了学校纪律，孩子们肯定理解老师的良苦用心，今后遇事会更深思熟虑，避免一时冲动。

研学多壮志，长缨缚苍龙

一、班会背景

学校教育层面：2017年8月，教育部印发了《中小学德育工作指南》，要求学校根据高中学生的身心发展特点和能力，安排适合学生年龄特征的研学旅行。把研学旅行纳入学校教育教学计划，促进研学旅行与学校课程、德育体验、实践锻炼有机融合，利用好研学实践基地，有针对性地开展自然类、历史类、地理类、科技类、人文类、体验类等多种类型的研学旅行活动。

高中学生层面：为开拓视野，以研促学，践行"十个一"行动计划，培养德智体美劳全面发展的社会主义建设者和接班人，2023年6月5日至6月10日，山东省青岛第十七中学开启2023年"探寻红色印记　传承红色基因——少年志　黄河情　强国行"为主题的研学实践活动，2022级5班的学生们将走进千年古都西安和革命圣地延安，把课堂"搬"到户外，用脚步丈量热土，更好地弘扬民族精神、延续历史文脉、增强文化自信。

二、班会目标

认知目标：把课堂"搬"到户外，开拓视野，以研促学，培养德智体美劳全面发展的社会主义建设者和接班人。

情感目标：用脚步丈量热土，弘扬民族精神、延续历史文脉、增强文化自信。

美育目标：探寻红色印记，传承红色基因。增强少年志美，感受黄河情深，实践强国行走。

三、班会准备

教师准备研学照片和卡片。

四、班会流程

环节一：用关键词的形式写出研学感受，并在班级分享

学生在卡片上分享关键词：震撼人心、激动、完美、丰富、有组织、积极、有纪

念意义、累并快乐着、受益匪浅、苦中作乐、长知识、扩眼界、团结一心、自由、欢乐充实、收放自如、充满激情……

（设计意图：学生的认知是一个由感性到理性，由浅入深的过程。用关键词的形式全班分享可以产生情感共鸣，为下一环节做好铺垫。）

环节二：回看研学路上同伴的心声与歌声

1. 最好的课堂在路上，感受千年古都的温度

2023年6月5日，在青岛北站，青岛十七中副校长张群为班级——授旗，睿君同学双手接过旗帜，全体学生整装待发，斗志昂扬地喊出口号，声音嘹亮，进一步加强了集体凝聚力和向心力。在研学活动之前，班级分成9个小组，9个小组组长各自领受研学任务，并在组内承担起相应的责任。

授旗过后，高一年级主任高杰对本次研学旅行活动的具体路线、时间安排、研学纪律和注意事项作了具体说明，并发表了讲话，鼓励同学们珍惜研学机会，在行中学、在学中行，领略祖国的大好山河，在欣赏秀丽景色的同时了解地理知识，感悟历史文化。启动仪式圆满落幕后，研学的帷幕就此拉开，同学们有序上车，开启了研学之旅。

同学们充分利用在动车上十个小时的时间，认真研读研学手册，自觉完成各科作业，车厢内学习氛围浓厚，成为列车上一道亮丽的风景线，充分展现了十七中学子乐学、好学的精神风貌。

青春正在路上，身边师友陪伴，纵然离家，温情左右。祝福和坚定的心紧紧相依，深邃和灿烂相会有时，少年俱是勇敢客，风华正茂恰如风。研学是非常有意义的学习方式。董其昌《画诀》中写道："读万卷书，行万里路，胸中脱去尘浊，自然丘壑内营，立成鄄鄂。"6月5日下午，同学们抵达西安北站，伴随着晚餐结束，夜幕降临，西安的灯光璀璨迷人，同学们来到西安市雁塔区大雁塔脚下的大唐不夜城，行走在仿唐建筑群步行街上，漫步在这胜景之中，仿佛穿越了时光，沉浸式感受"千年古都、常来长安"的盛唐繁华，体验唐风古韵与时尚新潮碰撞的魅力。

在大唐不夜城，在导游郭老师的介绍下，通过"雁塔题名"的历史典故，同学们了解到长安的前世今生。"千百家似围棋局，十二街如种菜畦。"19时，气势磅礴的音乐喷泉在大雁塔北广场准时开启，同学们驻足欣赏，共享一份无须言语的喜悦。随后同学们在贞观之治雕塑广场上观看了《贞观之治》主题演出，同学们仿佛同一代君王共同驰骋疆场，感受万国来朝、万邦来贺的大唐盛世。

西安大唐不夜城《再回长安》演出，也让同学们纷纷表示，总算读懂王维诗中"九天阊阖开宫殿，万国衣冠拜冕旒"的意境，悠久而深厚的中国传统文化，是每一个中华儿女心中永远的骄傲。

"暗闻歌吹声，知是长安路。"作为新时代的高中生，同学们通过研学，让知识"鲜活"起来，贴近生活，历史变得可触摸，可感知。

2.与兵马俑"隔空"对话，走过先辈来时路

"人事有代谢，往来成古今。江山留胜迹，我辈复登临。"2023年6月6日上午，同学们参观秦始皇兵马俑博物馆，深刻地理解中华优秀传统文化的历史渊源、形成发展过程及其在人类文明进程中的重要地位，理解中华文化的博大精深、源远流长，领悟中华民族的独特智慧。兵马俑位于中国陕西省西安市，是中国封建社会第一位皇帝——秦始皇的陪葬品。经发掘后，兵马俑逐渐对外开放，受到人们的推崇和称颂。同学们在参观兵马俑之后也折服于兵俑的精美、宏大和雄奇。敬芸同学在参观兵马俑之后，不禁赋诗一首：

吊始皇陵

骊山北麓渭河头，万里风烟几劫秋。

连弩云飞六国灭，同文路远两仪收。

本将兵俑千年殉，怎料鲍鱼一掩休。

自信功高盖五帝，楼船何事过瀛洲？

历史的脉搏，让我们明白，今天的时代是从过去走来的，今天的我们站在前人的肩膀上。只有了解了我们的文明，才能明白：我们从哪儿来，我们要到哪儿去。这是一种穿越千年的"隔空"对话，中华文明是世界古代文明唯一延续而没有中断的文明，是人类文明灿烂星空中最绚丽的星宿。

为更好地传承和弘扬延安精神，2023年6月7日下午，同学们走进枣园革命旧址，开展"沉浸式"学习教育，感受这片红色土地滋养的生命与精神。

讲解员讲述革命先辈故事，让同学们真切感受到革命先辈们超乎常情、超乎亲情的大爱和家国情怀。革命历史文物和历史照片，更是生动地向同学们诉说着那段艰苦卓绝的历史。同学们在环境的熏陶下感悟颇深。

3.延安精神永传承，壶口惊涛入我心

2023年6月7日上午，同学们来到延安革命纪念馆和杨家岭革命旧址，探求延安红色之路、学习红色革命精神。

延安承载了一代代人对红色革命的回忆，是后辈追随先烈脚步的起点，是青年人追溯红色回忆的地方。延安革命纪念馆展出的珍贵历史文物和历史照片，让同学们深入了解革命文化的起源与发展。一件件静穆的历史文物、一具

具栩栩如生的铜像、一桩桩感人肺腑的革命故事无不在同学们的心中激荡。

同学们一起参观了杨家岭革命旧址的每一个角落，认真听着每一处的故事。这里的一砖一瓦都充满着红色记忆，如今在光影斑驳中，还能看到那段峥嵘岁月所留下的影子。那红色的光穿越了百年和万千山岗，如今照在我们的路上，依旧闪亮。"先烈回眸应笑慰，擎旗自有后来人。"同学们在革命旧址中深刻地体悟到了革命精神的伟大。

2023 年 6 月 7 日下午，同学们来到了黄河壶口瀑布景区，领略壶口瀑布的壮丽奇观，感受中华之魂的魅力，开启了一场别开生面的朝圣之旅。黄河是中国的母亲河，是中华文明和中华儿女的发源地。"黄河万里触山动，盘涡毂转秦地雷""黄河西来决昆仑，咆哮万里触龙门"。汹涌的黄河、波澜壮阔的壶口瀑布深深地吸引了同学们。

观赏了波澜壮阔的壶口瀑布后，大家在瀑布前高声朗诵，用昂扬的精神，磅礴的气势，声情并茂、激情饱满地朗诵了《水龙吟·过黄河》《将进酒》等一首首恢宏大气的诗篇；用"君不见黄河之水天上来，奔流到海不复回""浊波浩浩东倾，今来古往无终极"等气势磅礴的诗句赞美了奔腾不息的母亲河，表达了对祖国大好河山的热爱与赞颂。而壶口瀑布展现的那种顽强不屈、坚忍不拔的精神也是十分值得我们学习的。我们自己是黄河水，学习以及以后工作中的困难就是那巨大的岩石，对此，我们需要付出努力，顽强拼搏。

啊，黄河

刘睿君

男人站在那，骄傲地低声呢喃
大漠般炫目的肤色像一匹金黄的丝绸
他倾听着长堤两岸小楼上的重章叠句
倾听低吟的落魄
他注视田间地头喜悦奔跑的孩子
注视黄肤的康健
那斑斓如画绚丽多姿的河套平原上
也有无数苦难无数忍耐无数期冀无数挫败
有着难以诉说的痛楚与忧烦
受难的人们跪在地上高举美酒向男人祈祷
愤怒的男人走下高台高声咆哮要人们站起
为何匍匐？为何祈祷？

盘踞若游龙的肌肉化作了激昂的河水

十三亿金箔组成的甲胄化作了粒粒金沙

帮助河水的激昂与力量

似是黄色巨龙弯弯曲曲从青藏高原冲向渤海

咆哮他猛烈的爱与恨,猛烈的悲悯猛烈的愤怒

令低声呢喃回肠荡气响彻天下

被苦难压迫的人们不再无用地诉说

胸中的激雷被巨龙触发喷涌而出便一往无前再不返回

他们跟随着巨龙的强音一直向前,永不回头

男人老了,回归骄傲的宁静

金黄的绸缎是那样的明媚

我早就听清了他千百年来的呢喃与咆哮

"我的孩子,向前走,别回头"

4. 探索西安古城墙,漫游西北工业大

有人说,来西安古城,不上城墙等于没来西安。2023 年 6 月 8 日上午,同学们来到西安市中心,登上全长 13.74 公里的西安古城墙,探究古代军事建筑防御的奇妙之处。西安城墙共有城门 18 座,其中四座主门,东曰长乐、西曰安定、南曰永宁、北曰安远,取"长安永安"之意。回溯历史的过程中,西安古城墙一面连接着过去,一面也指向着未来。如今,西安城墙早已卸下军事防御的使命,以多元的角色融入城市日常生活。城墙下的环城公园清水环绕,鸟语花香,已经成为西安文旅产业一道靓丽的名片。穿过悠悠岁月,在护城河边屹立的西安古城墙,正在向世界展示着千年古都的独特魅力。木木同学有感而发道:"伫立在城墙边,抚摸着历史浸润过的墙壁,感受着历史氤氲的气息,它无时无刻不在触动着我们的心弦。长城似蜿蜒盘旋的巨龙,我们行走在巨龙的背上,内心的自豪不言而喻。顺着宽大的道路,不知不觉我们已经走下了城墙。再次回望城墙,我仿佛看到了古代劳动人民劳动的身影和将士们保家卫国的决心,它是中华儿女智慧的结晶,是抵御外敌最坚实的屏障,也是我们心中最自豪的骄傲。"

2023 年 6 月 8 日下午,同学们通过"浸润式"的研学活动,将课堂"搬出"教室、"搬入"社会、"搬进"西北工业大学。西北工业大学简称"西工大",直属中华人民共和国工业和信息化部,是一所以发展航空、航天、航海等领域人才培养和科学研究为特色的多科性研究型国家重点大学。同学们漫步在大学校园,纷纷

在陈列的飞机前拍照，感动于祖国的强大，遥望图书馆，一种强烈的震撼也油然而生，动感向上的建筑态势也让同学们看到大学的拼搏进取，可以在无穷的知识海洋里翱翔。在西北工大的大礼堂中，炜钦等话剧社成员为同学们讲述了邓稼先、钱七虎的故事，慷慨激昂的演讲振奋人心。同学们对老一辈科学家的敬佩感也油然而生。

当晚，青岛十七中举行研学闭营仪式暨汇报演出，各班同学八仙过海、各显神通，为大家带来了精彩绝伦的演出。君秀同学在观看演出之后发表了自己的心声："每个班级的老师和同学都精心准备了节目，表演的现场直接就是用'炸裂'来形容都不为过！一个节目赛过一个节目热烈，反映了我们同学真挚的感情和活力四射的青春！闭营仪式不仅带给我们无与伦比的快乐和疯狂，给青春烙上难以忘怀的印章，同时也意味着我们此次西安之旅即将结束。回顾这不长的四天，我们震撼过、慨叹过、肃穆过、疯狂过，舟车劳顿于这黄土沟壑之中，疲劳竟也被内心的震撼淹没。节目丰富多彩，一首《夜空中最亮的星》令我印象最为深刻。我们挥舞起手臂，每人的掌中都有一抹亮光，汇在一起就成了光海；我们每个人都是一颗小小的星星，相互吸引靠近，碰撞出了最绚烂夺目的光彩。"

（设计意图：五天的研学，同学们用眼睛看，用耳朵听，用心感受，所知所感是丰富的，也是深邃的。因为前期研学过程中，同学们已经通过撰写研学笔记进行了初步的积淀，所以这个环节，是总结回顾，也是理性提升。）

环节三：研学过程中你印象最深刻的细节和收获是什么？请各组派代表在班级中分享

晓茹：看兵马俑、参观杨家岭的时候，我们到得很早，但是排队等了一个多小时才进去参观，但是同学们等候的时候很有纪律性，而且一旦行动，动作就很快。

阿磊：烤肉的时候阿捷撒调料的手法非常专业。在杨家岭，敬芸给我们唱了《东方红》，让我印象非常深刻。

横久：我印象最深刻的时候是在大唐不夜城，在熙熙攘攘的人群中，我们班没有走丢一位同学。浩成同学大声提醒大家走路的时候别看手机，睿君同学扛着一面大旗把同学们召集在一起。

阿磊：我印象最深刻的是曹老师在火车上病了，还坚持照顾我们。有同学中暑，她就和这个同学在一起，始终陪伴左右。她还给体育班长写了一首诗：

啊,睿君

走到壶口瀑布
黄河水把你激荡成一个诗人
啊,一米九三的大个子
别人的才情是一句一句流淌
而你,怒涛喷薄
是黄河之水天上来
奔腾到海不复回
是龙泉鸣白壁
大雪满弓刀
我在月光下的黄河边默默祈祷
让时代的风把你裹挟回唐朝吧
大漠羌笛将给予你新鲜的疼痛和荣耀
嘹亮的诗行让高适、岑参
也匍匐在你的脚下

而现在
数理化踏着正步
碾压紫色的形象思维
你和篮球百米冲刺到绿茵赛场
怒发刺破金灿灿的晚霞
穿越无数手臂你向天空投出一枚滚烫的太阳
篮筐谦虚地抱住了你的荷尔蒙
恰如一首诗咣啷砸向一个看向你的灵魂
你囚禁了那个认出你的人

（设计意图:研学过程就是一本打开的德育教材。在环节二里,学生的认识由感性走向理性,迈过感性这一关,慢慢步入理性的新篇章。那么环节三则是请学生表达情感,融合班级的感情,增强班级凝聚力。）

环节四:学生们撰写感恩卡,表达自己对此次活动中帮助过自己的人的感恩

佳昊:第一感谢我们的导游老师,这么多天悉心地照顾我们。第二感谢宇宸,没有走丢,非常棒！第三感谢曹老师和张老师,他们认真带队,同学们没有人走丢，集合也非常快。第四，感谢铭杰同学，吃自助的时候为我们用两只手烤肉，手法非常霸气。第五感谢学校为我们安排了这次外出研学。

阿捷：我想感谢导游唐老师。他是最负责任的，也是最帅的一位。文艺演出那天，我在后台看到几位导游在开会，他是最认真的一位。我看到他的那个样子，真是太帅了！

丁瑞：特别感谢郭导，每次上车都不厌其烦地提醒大家系安全带。文艺会演虽然大家比较累了，但是都站在台上表演得特别有热情又卖力气，让人激动。

健斌：感谢佳铄，在我微信需要钱付款的时候，他立刻给我转账，很痛快，让我很感激。感谢捷捷，在吃自助餐的时候一直在给我们烤肉，还乐此不疲。感谢浩成，每天早晨叫我起床，帮助我很多。

容容：感谢妍儿同学，我在壶口瀑布骑驴的时候她生怕我从驴身上掉下来，紧紧地抓着我的手。有一天晚上我饿了，看见丁瑞同学有吃的，我就敲响了她的门，她的食物让我感受到了满满的爱。还有君秀，那天自助餐烤肉的时候，她一直在帮我们烤肉。

玺彤：在西安城墙，我在拍照，郭导主动接过相机帮助我们，还教我们选择最好的背景。感谢张会峰主任，看到我们的房间空调坏了，没有热水，他主动帮我们换了房间。

（设计环节：这个环节旨在感恩教育，引导学生看见别人对自己的帮助，学会利他，并把自己心里的感情及时表达出来。）

环节五：教师总结并升华班会主题

此行研学，同学们学习了很多知识，增长了学问；师生同吃同住一个周，感情得到了很好的融合与提升。曹老师在研学前两天生病发高烧，感谢同学们都特别懂事，自己把自己照顾得很好，跟从导游，按部就班地参观、访学。特别感谢睿君、浩成，一个时时召集同学们集合点人数，另一个大声提醒同学们走夜路别看手机，保证安全。还有九位"小巷总理"，关照到每位同学。在此对全班同学提出表扬，对班干部和"小巷总理"表示感谢，老师觉得你们在研学中长大了，能自己对自己负责了。我们这个班级是一个幸福的班集体。

教师反思：跨省研学对班主任是一个巨大的考验。首先，要保护学生不能发生任何体伤事故。其次，学生要研而有得，学而有获，这就要求班主任管理、组织好整个班级，照顾好个别身体抱恙的学生，提高学习效率，保障研学质量。第三，研学是一个非常好的增进师生感情，凝聚班集体荣誉感、情感的教育契机，班主任要抓住这个机会，增进班级正能量。第四，研学锻炼各级班干部的工作能力,沧海横流方显英雄本色,班主任要搭建平台让学生干部发挥出个性与潜能。第五,研学也是锻炼班主任专业素养,提升班主任工作发展的好契机。

师生感悟：

黄土？高原！

刘君秀

这是你？

你的黄沙在哪？

为什么到处是连绵的林和田地！

我随长龙冲入你古老的内里

差些歪倒在六月的高原

我以为是千沟万壑的昏黄

和翻腾不止的浊浪

却诧异发觉

你的身姿,格外袅娜

多少次我通过定格的画面望向你

哦,那已成了过去

你如今变美了多少啊

风积水积是你的皮脂

铁锹铁铲才是你的眉宇

西北工业大学

乜敬芸

兰桡载笑烟波中,归去方知真英雄。

只解丹心谋铸剑,谁人白首惧藏弓。

不思桥畔题柱客,甘做江头垂钓翁。

隐姓从来诚君子,青山依旧影朦胧。

西安交通大学

乜敬芸

书生终古嗟金銮,遗恨南园梦自知。

夹岸桐花连夜语,满汀芳草平明垂。

吴钩固斩微山虏，赵瑟兼传易水词。
不见年年辽海上，至今浩唱正气诗。

研学组诗三首
乜敬芸

欲朝碧水问清泓，月点花烛墨上生。
似草流光连夜远，万家于我是孤城。

泪痕满纸叠诗痕，织锦终成赠惧人。
知君帘边清月夜，笺前于我寄一春。

江山万里画中游，天地悠然一叶舟。
梦记长安轻回首，只在眉黛不在眸。

长安研学六章
曹春梅

1

雨季还没有来
壶口上游静悄悄
下游静悄悄
唯有壶嘴
黄涛舞干戚，猛志固长存
《将进酒》从天降
黄皮肤少年
看水之心比瀑布还急
天生我材必有用
千金散尽还复来
诗句氤氲着水汽漫漫，
横空出鞘
不讲理的物理曲线短距离沸腾
沉积的泥沙被信天游
裹挟着愤怒与咆哮
扑在每个初来者淡黄色的脸上

2

步入西北工业大

才知道

万户功名沾沾自喜

豪门利禄衣锦还乡

功勋卓著踏马放荡

在为国铸剑隐姓埋名的英雄面前

一文不值

一颗跪地叩响大西北的头

一把干将莫邪合铸的剑

一领烫了"中国"二字的樽

一朵六十年前腾空的蘑菇云

煮沸了三十九度的天气

无数太阳生出透明的翅膀

灼着太平洋对面獠牙森森的黑榜单

灼着函谷关里热血滚滚的少年郎

3

天是沉默的

地是沉默的

护城河是沉默的

垛口也是沉默的

一串红灯笼谦虚地垂着头

两三个少女

柳眉弯弯登上了城墙

她们一笑

灰色的大明朝突然年轻了一千岁

4

咸阳的郭导不是兵马俑

他活泼得很

唱纪律歌

唱黄河大合唱

一遍一遍地嘱咐

调皮的男孩子要有担当

一遍一遍地检查

嘻嘻哈哈的女生是否系了安全带

他曾经在地铁站救过一个晕倒的姑娘

被姑娘的情郎当街跪谢

他曾经当过两年武警

学习责任与担当

他在晚上离开

少年们还没反应过来

如今他的名字被写在感恩卡上

他的笑容印在粉红色的夜色里

5

我看见了一些小小的善良

小得像一些迷你的精灵

一个叫铄的男孩儿递过来一块绿色的糖

为的是唤醒在西交大犯困的另一个

一个叫彤的女孩递过来清凉贴

为的是给中暑的同侪降降温

一个叫成的男孩子像兄长

夜色中大声提醒小心脚下别看手机

一个叫妍的女孩儿

睡目朦胧中一跃而起帮老师搜百度

一个叫若的姑娘请邻屋坏了锁的同伴

到自己房间先洗漱

一个叫睿君的男孩子护一面大旗

纵横几千里

他们把老师保护得也很好

没累垮住院一个月

没累病吃药三十副

甚至没意识到还有二十几天

师生就要各奔东西

6

终于到了延安

中国的红色圣地

想象着一百年前

时髦的青年纷纷去延安

自己主动去

被党营救去

智慧在窑洞飞舞

火与血在血管里烧

杨家岭的红旗

枣园的聚集

斯诺的采访

领袖的故居

高挺的会堂从书本上走下来

年轻团员瞳仁里布满亮晶晶的好奇

校企融通，职探生涯

——青岛十七中 2022 级 5 班职业体验活动回顾

一、班会背景

学校教育层面：职业体验活动对于高中阶段的学生是非常重要的。这个阶段，学生学习科目相对完整，并对自身有一定程度的认知。职业探索不仅让学生为未来的高等教育及就业做好准备，而且能多维度、多层次地认识自己所处的社会实况。

高中学生层面：2023 年 7 月 6 日，青岛十七中与中泰信大厦入驻企业联合开展以"职探生涯"为主题的职业体验活动，活动为学生们创造良好的实习条件，帮助学生们了解职业的特点和要求，有效提升了学生们的实践能力和综合素质，促进学生们的成长。

二、班会目标

认知目标：零距离感受职业魅力，对感兴趣的工作岗位有更加直观清晰的了解。

情感目标：把握住本次职业技能体验活动的机会，勇于挑战和展现自我，找到自己心仪的岗位，努力成为更好的自己。

美育目标：在实践中感悟劳动之美、创造之美。

三、班会准备

教师准备学生们参加职业体验的照片。部分学生准备"职探生涯"体验发言。

四、班会流程

环节一：学校"职探生涯"职业体验活动动员会

（设计意图：这是一次学校与企业联合开展的以"职探生涯"为主题的职业体验活动，意义重大。行而不辍，未来可期，学校历来高度重视学生对职业规划和实践能力的培养。为保证本次活动顺利开展，学校制定了详细的活动方案，教师与企业负责人紧密布置,认真筹划,确保活动的顺利开展。为此,活动前学校必然要对学生进行一番思想动员,然后开启"职探活动"启动仪式。教师带领全体学生积极参加,从宏观上了解学校与企业的苦心,进而心怀感恩,珍惜机会,积极进取。)

环节二:学生零距离感受职业魅力

不负韶华,不负时代,激扬青春,成就梦想。本次"职探生涯"职业体验活动共有10所企业走进学校,同学们得以零距离感受职业魅力。职业体验活动有条不紊地进行,同学们先到企业摊位前投递简历,并了解各岗位工作的具体内容和公司的基本

情况,然后在企业工作人员的讲解下,对感兴趣的工作岗位有更加直观清晰的了解。各企业对同学们进行了简单的面试,并对同学们提出的问题给予详尽解答,现场氛围积极热烈,活动如火如荼地进行。

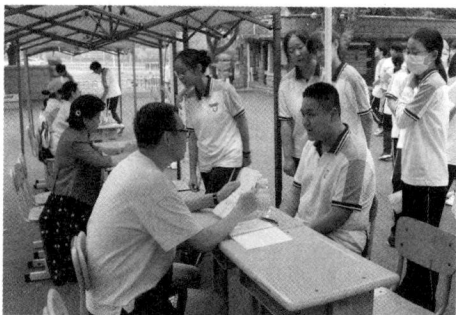
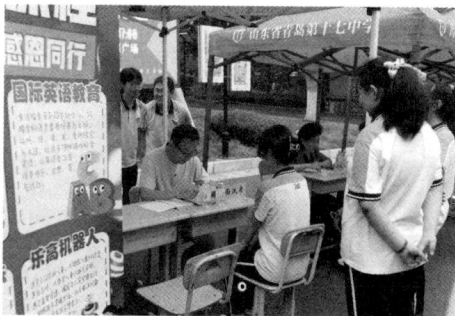

健斌说，以前就在电视上看过这种场景，原来面试是这种感觉。今天的职业体验活动让我大开眼界，我们平时的学习不能只局限于书本，还要立足社会，多积累实践经验。

同学们兴奋地分享活动的所见所闻、所思所想。职业体验活动的面试结果将在 2023 年 7 月 7 日发出，收到 offer 的同学们可以在 7 月 11 日进入企业正式实习。同学们对此充满期待。

（设计意图：鲜衣怒马少年时，不负韶华行且知。高一年级的学生通过本次职业体验，发展自我，规划未来，加强了对理论知识的理解，更加明晰未来职业方向和定位，培养正确的就业观和人生观，促进素质的全面提升。）

环节三：高一学生职场初体验

2023 年盛夏时节，青岛十七中高一五班学子的脚步遍及中泰信大厦各个角落，大家用青春的智慧和力量点燃实践火焰，用实际行动感应时代脉搏，拉近了与社会之间的关系。通过职业体验，同学们在实际工作中增长才干、练就本领，上了一堂生动的职业生涯规划课。

学生健斌感悟： 这两天，我前往青岛利多电子设备有限公司进行职场体验生活。通过两天的学习，我对称重设备有了和以往完全不同的认识。青岛利多电子设备有限公司是梅特勒托利多称重设备有限公司在青岛所设的销售中心，是青岛地区最大的专业衡器销售和服务公司。衡器，在日常生活中很少听到的名词，但它的另一个名称我们却很熟悉，那就是秤。我曾经以为秤只有天平和在市场上称菜的秤这两种，没想到它竟然有那么多种类，全自动电子汽车衡、电子吊钩秤、电子台秤等，它在社会各行各业中都展现出了独特的魅力。可以说，我们的衣食住行都离不开它。我对其感到十分惊叹，下定决心要努力学习，增长才干，开阔视野，用足够的底气和勇气去为社会发展贡献力量。

学生灿灿感悟： 我应聘的岗位是中泰信实业有限公司的主任助理。上班第一天我便有了第一个任务——扫描合同。就在我认为任务很轻松地就要完成的时候，办公室的人告诉我扫描得不清楚，于是我便与公司的人积极沟通，并且

细心检查每一个环节,终于在我们所有人的努力下,问题被解决了,并且那一天我还超额完成了任务。

后来我对工作流程越来越熟悉,和同事们的关系也越来越融洽,这使得我第二天的工作十分顺利,圆满地完成了企业安排的各项工作。

通过此次职业体验活动,我有了更坚强不屈的意志和顽强拼搏的斗志来面对未来两年的高中生活。

妍妍:在这次的活动中,我在一个教育机构担任副班主任。刚刚进入单位,我就迎来了我的第一个任务:监督孩子们认真上课,并且帮他们批改作业。一开始,我以为这是一件非常轻松的工作,但后来才发现并不是这样。孩子们都有自己的想法,上课的时候并不能保持绝对的安静。在一次次尝试中,我在孩子们面前成功树立了威严,协助主讲老师完成了课程。

课下的孩子们都十分活泼,有时候会让我们和他们一起玩。在一次课下活动中,我又遇到了麻烦:孩子们的意见产生了分歧,有一些孩子想玩贴膏药游戏,而另一些孩子则想要玩丢手绢游戏。在爆发了激烈的争吵后,我使出浑身解数安抚了孩子们,最终维持好了秩序,使课间活动能够正常进行。

除了批改作业、维持秩序、带孩子课间活动之外,我还做了一些非常有意义的事。老师见我填写的表格上的字写得不错,便让我给孩子们填写奖状和老师寄语。虽然写了很多字,但看到孩子们开心的笑脸,我又觉得这一切都值得。

在此次实习活动中,我学到了耐心、毅力,如何高效率地完成一件事。在今后,我会将这份认真的态度和勤学的精神投入学习、生活中,将这次实习的经历化为经验不断完善、改进自己,成为更好的人。

学生君秀感悟: 为期两天的体验不长,但我学到了许多。我和同学们学习了托利多电子称重、自动计量、自动控制方面的技术研究和产品销售等方面的知识。通过观看 PPT 和视频、老师讲解等形式了解了电子汽车衡、电子台秤、高速称重系统的使用、组成以及适用范围等。令我印象最深刻的是利多公司主打的产品"道路车辆高速称重系统"。这个系统可以直接安装在高速公路上,准

确检测通行的货运车辆的车型、重量、速度等数据。在青岛市内的一些高速公路上已经部分投入使用，保障了路面的安全以及人民的人身财产安全，降低了交通事故发生率。科技促进人类社会进步，这次体验我收获很多，感谢青岛利多电子设备有限公司的支持，感谢学校的用心培养。

学生阿铭感悟：在这次社会实践中，我作为一名美术助教参与了儿童教育工作。学生们都是小学生，而我所在的班级由一位青年大学生担任教师。通过这段时间的亲身经历，我收获了很多心得和感悟。

儿童教育需要我们更加关注每个孩子的个体差异。每个孩子都有自己独特的特点、兴趣和潜力，作为教育者，我们应该尊重、理解并满足每个孩子的需求。在教学中，我发现每个学生对美术的兴趣和理解程度不尽相同。有些学生对绘画很感兴趣，而有些学生则更喜欢手工制作。因此，我根据每个学生的特点和兴趣，灵活调整教学方法和内容，力求给予他们更好的学习体验。

其次，我学会了耐心和倾听。孩子们的注意力通常较短暂，容易分散，而且他们会有很多问题和想法。作为助教，我需要耐心倾听，并积极回应和鼓励他们。通过耐心倾听，我了解到每个孩子内心的真实需求和困惑，从而更好地帮助他们解决问题和提高学习效率。

再次，我认识到儿童教育需要我们激发孩子的创造力和想象力。美术是一门注重创造性思维和表达的学科，我尝试通过启发孩子们的想象力，鼓励他们勇敢尝试新的艺术形式和创作方式。我会引导他们观察和思考周围的事物，培养他们对自然、生活和艺术的敏感性，激发他们独特的艺术灵感和创作潜力。

最后，我深刻认识到儿童教育需要我们注重培养孩子的综合素养和生活技能。在美术课中，我鼓励孩子们通过观察和创作，培养细致观察力、想象力、专注力和沟通表达能力。而在课外活动中，我也注重与孩子们建立良好的互动关系，引导他们学会分享、团队合作。

通过这次儿童教育的社会实践，我不仅锻炼了自己的教学技能和沟通能力,而且深刻认识到儿童教育的重要性。每一个孩子都是独特的,他们都需要精心的呵护和教育。我将继续努力,为孩子们的美术教育贡献自己的力量,希望能够为他们的成长和发展作出积极的贡献。同时,我也希望能够继续提升自身的教育水平,成为一名更好的美术教育者。

学生锦程感悟:很高兴能参加本次"职探生涯"职业体验活动。在这两天的社会实践过程中,青岛华恩建设项目管理咨询有限公司的同事们对我十分热心,给予了我许多帮助。在进行了工程造价基础知识的学习之后,我开始了信息录入等工作。信息录入并不如我想象中的那般轻松。做好这份工作需要认真仔细,熟练运用操作软件。在亲身实践之后,我更能体会到父母工作的不易,明白了学习才能有更多工作选择的道理。

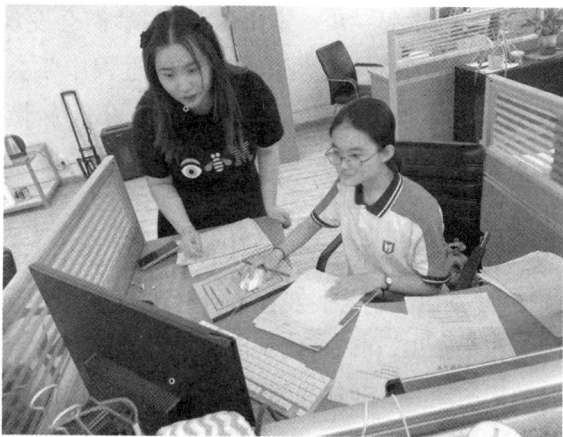

学生炜钦感悟:2023年7月13号、14号我有幸能够参加青岛十七中组织的职探进校园活动。非常感谢青岛华恩咨询能给我这次机会,让我深入感受社会生活,并且学到很多在课本中学习不到的知识。

华恩公司是在采购和询价方面提出建议,并且制订计划的一个优秀的公司,我也能够感受到公司非常好的工作环境和工作氛围,同事之间有困难都会互相帮助。

第一天,因为我不太了解关于采购和询价方面的知识,所以我上午负责打印工作。总经理给了我一个U盘让我打印其中的文件。可是打印机因为天气太潮湿,而且打印工作量太大,很快就卡纸了,而我对这台打印机不太了解,所以总经理就热心帮助我,教我怎样处理打印机的故障。

在这两天里,公司里的其他员工也很帮助我,比如怎么去吃饭,怎么开电子门以及各种各样的小事,他们不厌其烦,这也让我体会到了这个公司里的温暖。

谢谢十七中,谢谢青岛华恩咨询,让我有美好的体验,也收获了满满的知识!

(设计意图:本次职业体验实践活动充满光荣和梦想的远征,青岛十七中学生积极响应习近平总书记的号召,怀抱梦想,脚踏实地,敢想敢为,善作善成,让青春在全面建设社会主义现代化国家的火热实践中绽放绚丽之花。)

环节四:教师总结并升华班会主题

学校和企业联手搭建平台,给学生社会实践的机会,这对于高中在校生来说是非常难得的机缘。看得出来同学们都非常珍惜,积极报名,与企业进行洽谈,认真实习,很多同学完成了研究性报告,取得了很大的进步,也迈出了职业生涯规划的重要一步。走出课堂,同学们会发现社会天地大,对人的综合素质提出比较高的要求。大家在工作的过程中学会了技术、了解了行业内部的规律,还学会了换位思考、感受父母工作的不易,懂得感恩并能深刻体悟到别人对自己一点一滴的帮助。可以说本次社会实践为很多同学的未来发展奠定了良好的基础。

学生子若感悟:在这两天的职业体验中,我深刻体会到了行政岗位工作的烦琐、复杂以及不易。我在职业体验期间学习到了许多技能知识,接触到了招聘的相关知识,它们可以帮助我更好地面对接下来高二的选科分班和未来求职时的简历填写。我还学习到了一些专业知识,了解了橡胶轮胎的基本分类及结构,橡胶轮胎正常的工艺流程等。非常感谢青岛十七中和企业给我的这次机会,期待我们未来再见。

学生丁瑞感悟:在这两天的实习生活中,在指导老师的培训和耐心帮助下,我学到了如何更高效率地完成自己的任务。我会保持认真负责的态度,投入今后的学习和生活中。我会继续培养自己的道德情操,珍惜这次实习获得的宝贵经验来不断完善自己。

学生敬芸感悟:非常荣幸能参加本次"职探生涯"职业体验活动。我父母大学时学习的也是市场营销相关专业,因此我对企业运营的岗位很感兴趣,积极参与了学校举办的招聘活动。在这两天的社会实践过程中,青岛故事文化创意有限公司的负责老师以及公司前辈们对我都非常关照,给予了倾情指导。在进行了网店经营基础知识的学习之后,我才明白运营工作并不是我想象中的那样轻松;相反,做好运营需要充分掌握信息技术,熟练运用工具统筹数据,精准把握市场需求等等。"纸上得来终觉浅,绝知此事要躬行。"在亲身实践之后,我才能更明白他人,也更明白自己。一方面,我深切体会到了父母工作的不易;另一方面,我也更加坚定了自己未来选择职业的方向。感谢学校给予我们有意义的机会和平台,这两天的社会实践将是我人生中一笔不可多得的财富。

学生子菡感悟:此次社会实践,我来到中泰信大厦的"小牛教育",在幼小衔接班里承担副班主任的职务。此次活动,感受颇深。"师者,所以传道受业解惑也。"这是我第一次作为老师加入一个班级,与往常坐在课桌旁不一样,我承担起了照顾、管理班级的责任,体会了老师的艰辛与不易。幼儿园毕业的小朋友们都像一群小活宝,朝气蓬勃,活蹦乱跳。一整天,我维持课堂秩序,一遍遍安顿孩子们躁动的心情,拉开拌嘴打架的同学,教导后排学生认真听讲,辅导功课……通过这些工作,我懂得了老师们不厌其烦教导我们的可贵品质,从心里由衷地佩服老师们,对教师这一职业有了敬畏之心。

到田间地头读一本无字的书

一、班会背景

学校教育层面:青岛十七中一直崇尚以美育人,求真求善。"到田间地头读一本无字的书"是劳动教育,也是美的教育。

高中学生层面:本节班会课在学农之后召开,一是因为一周的学农生活令人难忘,要通过班会对学农实践进行总结。二是引导学生透过现象看本质,在教师的引导下让学生对学农中印象深刻的事情进行深层次的思考与总结,更有利于培养学生的素养,营造班级良好的学习氛围。

二、班会目标

认知目标:了解学农对于成长的意义,提升学生语言表达能力与概括总结能力。

情感目标:增强班级凝聚力,促进学生重视劳动,热爱自然,五育并举,全面发展。

美育目标:感受劳动之美,同学互帮互助之美。

三、班会准备

教师提前打印好班级合照海报,准备好裁成长条和方形的彩纸、卡纸。各组小组长代表、课代表代表、普通学生代表准备发言。

四、班会流程

环节一:观看学农海报,播放照片合集

教师先带大家观看打印好的海报,然后播放学农照片合集,引领学生回忆学农的场景与细节。

（设计意图:学生回忆学农的过程,重新体验学农时的心情与感受,为接下来的分享做好铺垫。）

环节二:概括学农心得,呈现小组关键词

小组讨论汇总学农心得关键词,小组长呈现到黑板上。教师带领学生一起找出关键词中出现频率最高的词,并诠释这个词的内涵,结合学生在学农中的表现进行点评。

（设计意图:通过关键词的汇总与呈现,让学生积极参与课堂中,同时可以汇总学生的心得,找出其中认可度最高的词。这是班级文化与学生思维活跃度的体现。）

环节三:书写故事,选取代表发言

(1)请在纸上写出学农时令自己印象深刻的故事,并评价一下故事的主人公或者从故事中总结的经验或者方法。

(2)这个故事对班级或者同学的发展有什么意义?

(3)这个故事特别看重什么?

学生阿赟感悟：学农,在浓浓秋意中落下了帷幕,但学农生活的点点滴滴似乎还印于脑海中,不时翻腾,跳跃。为筹备篝火晚会,起初,我与玺彤、梓姗和钎馨同学一起进行音乐的挑选、剪辑和舞蹈的编排。确定节目之后,同学们都积极地参与报名,管文昕老师也参与进来,帮助我们一起完成了节目的准备工作。参与表演的同学积极认真地排练,一起出谋划策,设计舞台效果,为晚会增光添彩。晚会上,大家精彩欢乐的表演,收获了众多好评。说到学农期间给我留下的深刻印象,不得不说一下我们班的宇航同学。其间他还参与了历史、政治演讲比赛,比赛的筹备和晚会的排练给他增添了不少压力。因为不太擅长跳舞,最开始他有些放不开。后来,在同学们的鼓励帮助下,为了班级荣誉,他不断地练习,调整自己的状态,在最后的篝火晚会上,带给大家许多欢乐,为演出增添了一抹亮色。五天学农的小美好,映射着学农初心,也让我们懂得,作为班级的一分子,只要大家都肯负起一份责任,团结互助,积极友善,相互鼓励,这便是一个了不起的集体。"积力之所举,则无不胜也;众智之所为,则无不成也。"

学生沁远感悟：在做豆腐的时候,我被烟呛到,就到外面休息一下。这时候一个阿姨过来了,她以为我很孤单,很心疼我,就非常热情地塞给我一个苹果,担心一个不够,还让我自己再挑选喜欢吃的,这让我觉得非常温暖。这个事情让我认识到,对待我们身边的人,要热情、友善,这样才能创造一个和谐、温暖、快乐的大环境。

学生全存感悟：我在学农实践中印象最深刻的一件事是,老师在晚自习结束后给大家唱了一首歌作为表现奖励,这让我感觉到她非常有自信,而且讲诚信、信守承诺。这件事让我明白在遇到表现自己的机会时一定要大胆、自信。我们也要学习成为一个像管老师一样的人,不仅学习成绩优异,而且体育、音乐都很优秀,正如我们班的班级口号一样——知行合一,五育并举!

学生君秀感悟：我印象深刻的是野炊。授课的老师不管是说话方式还是性格都给我一种莫名的熟悉感。一开始同学们因为到了大自然里很欢喜,所以有些散漫,老师恨铁不成钢。后来可能是小组成员给力,老师又夸赞我们,而且多次来指导我们生火添柴。和同学们一起劳作很开心,在这儿我们显露出最真诚的一面。

学生昊琳感悟：在去学农基地的路上,我因为没吃早饭,有点晕车。梦琪给了我晕车药。虽然她也有些晕车,但她仍把靠窗的座让给了我,我非常感动,很感谢她。

学生楠楠感悟：大摇绳比赛前，一开始参加的同学仅有不到 10 个，人数远远不够。在管老师的鼓励下，越来越多的同学参与了进来。尽管一开始并不熟练，但在多次练习下越来越好，最终获得了第四名的好成绩。我有被班级的团结感动到！

学生小明感悟：全存即使感冒了仍然在宿舍里值日，尽作为舍长的义务。在其他同学值日时，告诉同学们注意事项，减少宿舍扣分，提升屋内环境。当宿舍里出现异味时，感冒的他第一个主持局面，清散异味。

学生阿浩感悟：篝火晚会从准备、彩排到表演，所有人都在努力。其中印象最深刻的就是宇航在台上带动气氛，一开始他不愿意跳舞，觉得太尴尬了，上台后却一点都不怯场，成为场上最嗨的人。

学生琪琪感悟：做豆腐时，作为组内唯一的男性，智洪精力充沛，嘎嘎用劲儿给我们组的女生减轻了不少压力，自己一个人比一个生产队还能干，并且效率很高，值得我们学习。

学生奕然感悟：老师是最后一个上车的，她拿着一大堆行李跑来。林清看了一眼，就下车去帮老师拿行李。多好的同学啊！我不会忘记，从宿舍到车上的一段路，她也帮我拎着包，还有晚会寒意袭人时，她用大衣裹着我。厨艺课时，全存缩在角落里，因为他感冒了，所以离我们远一点。但是老师问谁可以留下拖个地，他毫不迟疑地站起来拿拖把，好负责啊！管老师为我们向生气的辅导老师道歉，然后再安慰我们，她讲了好多有趣的经历，好理解我们，还会鼓励和拥抱。

学生嘉祺感悟：野炊时，在老师分完工后，大家都积极投身行动之中。阿赟同学不怕弄脏衣服，黑锅刷得可以反光！经纬、成林和浩凯帮心雨把灶台造好，找到了粗细长短合适的木柴。在辛苦清洗好食材以后，大家一起烤棉花糖、香肠、薯条，虽然招来了苍蝇，但没办法，煮得太香了，那一下午真的很快乐！

（设计意图：通过书写心得，师生沉浸式回忆起学农经历并锻炼表达能力，故事展示出学生内心的温暖与柔软，这更有利于班级的团结与融合。）

管老师感悟：学农一周的精彩生活已然远去，作为班主任的我感触颇深。这次学农，我跟 11 班的孩子们同吃同住，所有的活动都一起参加。这样，本来与孩子们并不熟悉的我，逐渐与他们产生了奇妙的化学反应。

在刚刚接手学农带班任务时，我对自己能否镇住场、能否让学生们信服表示怀疑，也对自己能否及时、准确地处理班级事务感到深深地紧张与担忧。但是,我又隐隐感受到,这不仅是一次充满未知的挑战,而且是一次锻炼我班主任能力极佳的机会,是我与学生接触并产生联结的最好时机。因此,满含着紧张与期待,我踏上了前往学农基地的大巴车。

一踏入学农基地,我就感受到了紧张的氛围。不过还好,周一与周二上午,姜老师在班级中起到了主心骨的作用,这样也让我游刃有余地对班主任的工作慢慢"上手"了。不仅如此,我还负责此次学农的新闻统稿工作,因此在开幕式上我不仅陪着我们班孩子,还要负责会场的拍照与结束后的照片收集。开幕式结束后,我们就前往餐厅门口排队吃饭,我这个时候站在学生身边,很明显能感受到,有一道无形的隔阂将我们分开。学生对我的态度是乖巧且疏离的,这让我很局促。我想,一定要找到机会与孩子们熟络起来。

机会来了。下午就要上实践课了,这节课是厨艺,刚好大家都坐在一起。借出这节课的机会,我主动走到每一个小组跟前跟同学们交流,而交流的方式包括语言、动作、表情。在收集食材的过程中我会问问小组的同学对菜品有什么打算,在切菜、炒菜的过程中我会夸奖孩子们手法认真专业。孩子们也逐渐与我熟络起来,最后炒完菜邀请我去品尝。每一个小组做的每一道菜,我都拿着筷子尝了一下,有的夸奖说跟我妈妈炒的味道一样,有的则做出学生期待的一些惊讶、搞怪等表情,引得学生开心大笑。通过这节课,我能明显感受到11班孩子对我的接纳与亲近,这是一个很好的开始。

接着,通过跑操的全程跟跑以及一个晚自习,我发现学生们与我交流多了,已经将我纳为班级的领头人了,这让我感到非常开心。但是仍然有个别同学持观望与疏远的态度,虽然没有很明显,但是眼神中的不亲近让我一眼就能捕捉到。因此我会对这些学生再多一点交流鼓励,在课程间隙多多关心。温柔、关心、体贴、耐心、信任,包括与学生产生共同话题,这些都让我与学生逐渐亲近,也让学生接纳我,将我纳入他们"自己人"的安全范围内。

当学生接受我之后,其实很多工作就便于展开了。他们愿意听我的话,在我温柔之时活泼,在我适当严厉的时候乖巧。我认为,这意味着我逐渐树立起了一位老师的威信,也获得了孩子们的信任与认可。

不仅是整体性的统领,我还会找个别同学在某些顺路或者单独的相处机会中与他们谈心。在谈心中,我对他们渗透了自己管理的要求,或者是对他们的关心、信任,或者是一些较为浅显的人生道理。通过这些片刻的谈心,我不仅了解了孩子的动态与想法,还能用温和的方式与他们加深联结。这是我认为自己在学生管理方面进行的很大的尝试。

其实,分享到这里,我也非常感谢 11 班的孩子们,他们都非常听话乖巧,一点就透,也非常配合我这个班主任。大家都身体倍儿棒,也都开开心心地度过了一周的学农生活。教学相长,亦师亦友,我深深感受到了这点。

我曾经想,如果我是 11 班的学生,我喜欢的老师是什么样,我希望老师能做到什么。虽然我还年轻,没有成为一位长辈、一位家长,但是我也确实把学生当作自己关爱的弟弟妹妹去关心爱护。所以,在这种精神的引领下,我带领 11 班的孩子们顺利圆满地完成了学农任务。

学农过后,我明显感受到了孩子们对我的接受。他们在学校里会跟我热情地打招呼,也会在班会课上踊跃地参与进来,再也不是疏离礼貌。相信在以后的授课中,课堂气氛也不会再像以前那样沉闷。学生对老师的接受度,同样会影响到课堂的学习进度。希望我在接下来的授课中,可以很开心地看到他们的改变!

学农生活,收获满满!

环节四:一句话心得

教师引导:通过自己的回忆与同学们的故事分享,请同学们用一句话总结学农心得,并在长条纸上写出来。

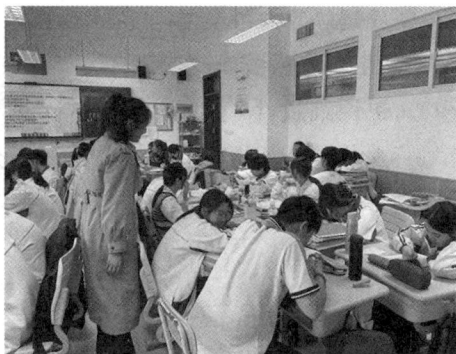

独立自主,战胜自己,酸甜苦辣咸,快乐天天见。

采菊东篱下,悠然见南山。

适应环境,友善对待他人。

在田间地头感悟生命的真谛。

勇敢的人先享受世界。

(设计意图:学生在感悟学农的同时,用一句话精炼地总结学农感受,体悟了生活,也体悟了生命。)

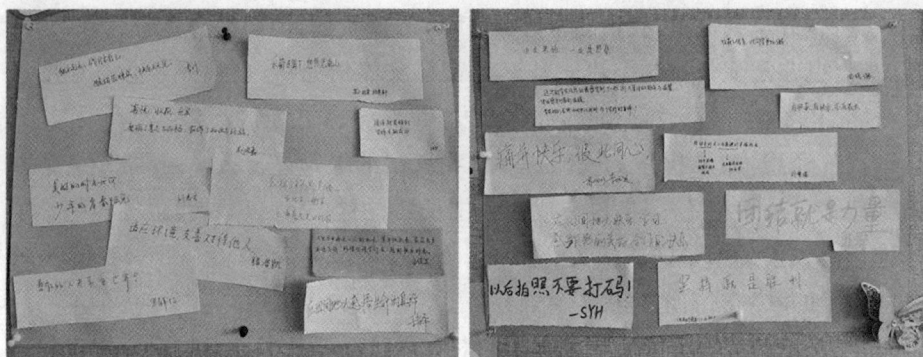

学生全存感悟：满怀着憧憬与激动，我们进入了学农期间的第一节课——厨艺，经过老师的培训，同学们便迫不及待地选择食材，进行下厨的准备工作。正式下厨开始后，同学们各司其职，热火朝天而又有条不紊。顷刻间，一道又一道的佳肴接连出锅，有家常的西红柿炒鸡蛋，也有极具创新特色的新奇搭配。在最后的打扫阶段，同学们不仅没有刻意逃避，反而主动揽过重活、累活。在一片欢声笑语中，我们结束了这次难忘的课程学习。《周易》有言"君子藏器于身，待时而动"，无论是同学们在制作过程中体现出的配合与团结，还是在打扫时体现的责任与担当，都可以成为我们成长道路上的傍身利器，帮助我们不断前行。"今朝放鹤且冲天"，希望同学们能在接下来的学习生活中砥砺前行。

学生君秀感悟：学农第一天我们班进行了厨艺的实践体验，老师、辅导员有耐心，讲课细致，同学们跃跃欲试。同学们围上围裙，撸起袖子，开了灶，扬起铲，菜香飘在氤氲的空气中，让人感受到融入集体的温暖。通过这次实践活动，同学们体会到了做饭的不易，也更加理解了"粒粒皆辛苦"这句诗。虽然做饭的过程是不容易的，但同学们做出的菜都十分可口，看着大家享受自己劳动成果的样子，我体会到了这次学农的意义。

第六模块

情感凝聚

文明，不会让一个人被抛下

一、班会背景

学校教育层面：学校需时时加强家校合作，与家长进行密切的交流，共同关注学生的发展和学习情况，营造良好的学习氛围。

高中学生层面：项珊同学居家学习 14 天，在这段时间里，师生都非常牵挂他，班级特意为项珊同学开设面向一个人的网络直播课。2020 年 10 月 26 日项珊回到班级中，与大家欢聚一堂。

二、班会目标

认知目标：增加认知，了解学生居家学习与生活的情状。

情感目标：通过欢迎项珊回班，增进同学友谊，建立团结班集体。

美育目标：师生一起品尝生日蛋糕，为班级过"集体生日"。

三、班会准备

教师准备鲜花、新鲜蛋糕、舒缓的音乐。

四、班会流程

环节一：班主任致欢迎辞，欢迎项珊同学回家

同学们好，今天项珊同学终于结束居家学习回到我们中间。让我们欢迎项珊同学回来，同时向负责任的项珊家长致敬！

环节二：项珊同学分享居家感受

得知需要居家学习 14 天后，我气呼呼地关上门，坐在床前摇头叹息。父亲统计邻居们的采买物品后，回到家中轻轻拍拍我的肩头平静地告诉我不要抱怨，要有直面困难的勇气，更要找出解决问题的方法。

他拿起手机拨通了我的班主任曹老师的电话，把情况简明扼要地说了一遍。曹老师也很着急，她要第一时间汇报给校领导，并叮嘱我父亲做好我的心理疏导和卫生健康工作,关于上课的问题,她来想办法解决。挂断电话后,父亲联系他的朋友,帮忙采买所需物资。

吃完午饭后我来到阳台上,隔着窗户,仰望着那湛蓝的天空。风儿很轻柔,脚旁的狗将前爪搭到我的小腿上,大概是想让我和它玩一会儿吧,但我万般无趣,回到屋里,心里想着不能到校上课了,耽误成绩怎么办? 想着想着头就大了,心情也是越发烦闷,于是就睡了起来。

好不容易做了一个好梦,却被人叫醒。原来是父亲。他告诉我一个好消息,曹老师打来电话告诉他找到一个解决我居家学习的好办法。我想这是曹老师不懈努力力争取来的吧,学校也同意我居家上直播课。感谢曹老师和学校,我也有幸成为学校首例获此殊荣的高中生。第二天早晨我准时坐在电脑桌旁开始了这特殊的上课受教过程。任课老师精彩而细致的讲解也吸引了父母,他们悄悄坐到我的身旁,静静聆听着。下课了,爸爸风趣地说,重温上课的感觉真好,我的父母也有幸成为我特殊的同桌。

日子一天天过着,有欢笑,有伤感,但没有无助。下课时,同学们来到讲台前,跟我视频聊天,小玩笑时不时地开着,鬼脸也时不时地做着,一切那么熟悉与自然。有时我也会抱着狗和同学们一起视频互动,这感觉的确跟在校上课时也没什么区别。我要谢谢曹老师和各位任课老师专门为我建立的群,有什么不懂的问题,我也会在第一时间和老师沟通,课后作业也是一次不落地告诉我。居家上课的时候,因为我不在现场,老师就提醒我,别睡着了,还有很多任课老师点名让我回答问题。台下的同学们哄堂大笑的声音也是那样亲切。周一下午的班会课,曹老师和同学们对我说过的话,也令我很感动。这段时间也挺想我的老师和同学们的,短暂的别离使人伤感和无奈,幸好有师生孜孜不倦的关怀冲淡了这一切。我还是那个阳光开朗的男孩。

居家学习期间老师们的关爱和同学们的关怀,让我心怀感激。亲爱的老师们和同学们,我已满血归来,斗志昂扬地迈着坚实有力的步伐,向各位走来。让我们携手共进,共同进步,度过这青春无悔的高中时代,迎接属于每个人的灿烂未来。团结互助、奋进向上的高二八班,我爱你!

(设计意图:项珊同学的感受是第一手资料,可以让大家切实感受到当事人的心理变化和心理需求,从而认识到班级在这个时候上下一心、伸出援手是多么必要。)

环节三:同班同学分享眼中的居家学习

文明,不会让一个人被抛下

栋良

项同学居家学习算起来已经有两个周了。这两个周有两个变化:一是课上总少不了叫项同学起床的段子;二是讲桌上开一天的笔记本电脑——仿佛从开学时就在那似的,老师们的声音也不约而同地大了起来。

不知坐在屏幕前的项同学作何感想。我一开始没有很大感触,感觉这没什么。老师们第一次进教室看到笔记本电脑开着,总会问:"这干啥?""因为项……""噢。"便跟项同学打个招呼继续上课。我每次上课被笔记本屏幕挡到看板书,也只是想"为何老师总是把字写得这么靠下?"

周末曹老师原创了一个随笔题目。

阅读下面材料,作文。

2020 年 10 月 11 日,山东省青岛第十七中学的项珊(化名)同学因为特殊原因需居家学习 14 天。得知消息后,项珊的任课老师们第一时间组成爱心微信教学群,并通过网络对项珊进行全校首例面向一个人的全科网络直播授课。

情感是班级文化重要的组成部分。不同类型的文化组建成不同的文明,而真正的文明是不让一个人被丢下。对此你有什么感想,请谈谈你对文明的认识和思考,写一篇不少于六百字的随笔。

经题目指点,我才知道我们做的事是多么珍贵。在语文课上老师提出了一个问题:为什么乘车码对部分不会用智能手机的老年人不友好?我们的答案都有道理,但还有更好的回答:真正的文明,不会让一个人被抛下。

今天去实践活动,在雕塑馆里看到形形色色、浓妆艳抹的人不停在摆姿势,找合适的光线拍照。回家路上在一家偏僻的饭店里,我看到一个满面尘灰的工人喝得烂醉如泥,最后被店家和工友架出饭馆,躺在了工地旁的人行道上。社会这一盆肥皂水搅起了越来越多的泡泡,泡泡们看起来彼此割裂,毫无关联,但无论是大还是小,都是肥皂水的一部分。任何一个社会,人与人之间都有差距,但每个人都不该被遗忘,被抛下。无论能力高低,光鲜与否,文明都告诉我们:人生来平等,生来有让社会平等对待的权利。

(设计意图:这个环节升华了本节课的主题,学生的认识由上下一心、团结奋斗上升到探寻什么是真正的文明。学生的视野从班级到社会,扩大了内心的格局。)

环节四:教师分享家长、老师眼中的居家学习

教师分享:很感谢项爸爸在孩子居家学习初期与老师及时沟通,也钦佩他在此期间对孩子的教育——不要抱怨,更不要咒骂。课间休息,建议孩子在家多走动,缓解压力。看到项爸爸也会和邻居网上聊天,缓解邻居的情绪压力,为这样的好家长点赞。

(设计意图:学生发言没有提及家长,班主任进行有力的补充。)

环节五:班级集体过生日

今天是 2020 年 10 月 26 日,农历九月初十,是一个好日子。项珊同学回来是一件大事,也是一件值得高兴的事,我们就把这个日子作为班级的生日,大家一起过一个有纪念意义的集体生日来欢迎项珊回归,凝聚“家”的真情,建设班级文化,激励共同奋进。既然是生日,少不了要吃蛋糕。下面就请大家在歌声中,一起吃蛋糕,记住今天,生日快乐!

(设计意图:团结班集体,推动情感,将本节班会课推向高潮。)

教师反思:这次班会的设计与实施让我深刻反思了教育的本质与意义。项珊居家学习半个月后重返课堂,我通过班会欢迎其回归,这让师生都意识到教育不仅是知识的传递,更是情感的联结。在班会上,我鼓励学生分享感受,发现学生更需要的是被看见与被理解,而非单纯的学业补课。这让我明白,教师不仅是课堂的管理者,更是学生成长的陪伴者,尤其在特殊情境下,应优先关注学生的情感需求。为了让班会更具凝聚力,我设计了互动环节,让全班同学在共情中增强集体归属感,这让我体会到班级是一个共同体,个体的故事可以成为集体成长的契机。教育是一个长期的过程,特殊事件后的关怀不能止步于一次活动。在特殊情境下,教师需要以更多的耐心与智慧,陪伴学生渡过难关,让他们感受到教育的温度与力量。

你听你听,我的字

一、班会背景

学校教育层面:中国的德育总体目标是教育学生理解、认同和拥护国家政治制度,了解中华优秀传统文化,增强中国特色社会主义道路自信、理论自信、制度自信、文化自信,为学生成长奠定坚实的思想基础。

高中学生层面:学生对中国的传统文化一直抱有好奇和探究之心。传统文化中古人的名与字是什么关系呢? 本节班会课教师带领学生亲身体验, 探究竟,破解传统文化中"名字"之谜。

二、班会目标

认知目标:认知中国传统文化中古人名与字之间的关系,体验中国传统文化。
情感目标:热爱中国的传统文化,增强文化自信。
美育目标:感受中国文字之美、文字背后的文化之美。

三、班会准备

师生改编剧本《在酒楼》,排练准备演出。

四、班会流程

环节一:情境导入,了解名字

对很多人来说,自己的名字是天下最美丽的称呼,是父母满怀热望的刻痕。在万千中国文字中,名字是父母所找到的最美丽、最醇厚的字眼,以至于世间每一个名字都是一个简短、质朴的祈祷!

古人当然也有自己的名字,我们今天讲的名字,在古人那里只是名,用于长辈或者老师称呼。男子弱冠、女子及笄之后,古人还会取字供他人称呼。取字的目的是让人尊重他,一般人尤其是同辈和属下只许称尊长的字而不能直呼其名。

下面请大家欣赏情景剧《在酒楼上》,了解名与字的尊卑。

编剧:青岛十七中赵兴老师。

　　李白与杜甫相聚在酒楼。

　　杜甫拱手向前："太白兄,好久不见,不知你近来如何?"

　　李白高兴走向前去:"啊,杜子美,好久不见,我最近甚好。不如趁着这美好的月色,我们喝几杯如何?"

　　于是李杜二人坐下喝酒畅谈。

　　(路人甲、乙路过)

　　甲:"快看,那不是青莲居士和少陵野老吗?"

　　乙:"是啊是啊,以前只是听说,没想到现在见到真人,果真是气度非凡啊!"

　　此时两人谈得尽兴,一老人缓缓地向他们走来。

　　杜甫:"爹,你怎么来了?"

　　李白站起向前迎接,"拜见杜老爷子"。

　　杜甫爹:"这不是李白吗? 你的诗我甚是喜欢。"

　　李白:"多谢杜老爷子夸奖。"

　　杜甫爹:"既然今天来了,我们好好赏景喝酒如何?"

　　李杜点头称是。

　　正当喝到一半,士兵丙跑过来:"参见李翰林大人,杜工部大人。有人欲求见李翰林大人,请速速前往。"

　　李白站起:"那我先行一步。"

　　"慢走"……

　　(于是二人离开)

　　教师:看完了短剧后大家一定对李、杜两人的称呼有了一定了解,不知道大家都听到了哪些信息?

　　同学们七嘴八舌地喊出来:李太白、杜子美、杜工部、李翰林、少陵野老、青莲居士。

　　教师:那么大家有没有发现称呼的规律呢? 名和字哪一个尊贵哪一个卑微呢?

　　同学齐答:名尊字卑。

　　(设计意图:学生排演课本剧进行情境导入的方式会让学生印象深刻,提高体验的真切感,提高学习效率。)

　　环节二:学生讲解名与字的关系

　　学生讲解者阿滢:古代人一般既有名又有字,产生和使用环境不同。

　　"名"又叫"本名"。据《周礼》"婚生三月而加名",婴儿出生三个月后由父亲取名,我们现在所看见最早的名是商代人的名。

"字"又叫"表字",是除本名外另取的与本名相关联的称呼。古时男子20岁时取字,女子许嫁时取字。如孔丘字仲尼,司马迁字子长,李白字太白。

根据《礼记·檀弓》上的说法,在人成年后,需要受到社会的尊重,同辈人只呼其名显得不恭,于是需要为自己取一个字,用来在社会上与别人交往时使用,以示相互尊重。因此,古人在成年以后,名字只供长辈和自己称呼,自称其名表示谦逊,而字才是用来供社会上的人来称呼的。

取字可以齐贤、纪事、崇教、拆字。

齐贤:名字仿效前人,互为使用。颜之推(531年—约595),字介,汉族,琅琊临沂(今山东临沂)人。颜之推曾著有《颜氏家训》,在家庭教育发展史上有重要的影响,是北朝后期重要的作品。颜之推的字是介,来源是春秋时代晋国的忠臣介之推。介之推,又名介子推,作为晋国国君晋文公的忠厚臣僚,留下了很多故事,被民间社会广为传颂,如"割股奉君""功不言禄""功成身退"。颜之推因崇拜介之推所以名"之推",字"介"。

纪事:取可资纪念或有所触发的事物为字。春秋孔子,名丘,字仲尼。据说孔子的父母祷于尼丘山才生下他,故名"丘",字"尼"以记其事。

崇教:王维皈依佛教,佛教里的一个菩萨名维摩诘,王维用字"摩诘"来表明自己景仰维摩诘。

拆字:合则为名,拆则为字。南宋诗人谢翱,字皋羽。老舍原名舒庆春,字舍予。

学生讲解者才硕:大家好!古人的名与字有一定的关系。

(1)意义相同,即表字和名意义相同,是并列关系。如三国祢衡,名衡,字正平。"正"是衬字。春秋颜回,名回,字子渊。《说文解字》:"渊,回水也;回,渊水也。"而"子"是衬字。

(2)意义相近的,即表字和名意思相近,但不完全相同,可以互为辅助。如五代南唐后主李煜,名煜,字重光。颜师古注曰:"煜,光貌也。""重光"为日月,二者相辅。又如于谦,明朝名臣、民族英雄,字廷益。《尚书》说:"谦受益。"名和字在一句话中,谦是前提条件,益是谦的后果。

学生讲解者旭凯:古人的名与字的关系也可以意义相反或者引经据典。

意义相反的,如顾炎武系明末清初杰出的思想家、经学家、史地学家和音韵学家。顾炎武,字宁人。武,泛指干戈之事;宁人,使人们相安无事。

三国魏国人乐进,姓乐,名进,字文谦。进有进取之意,而谦有知足之意。

引经据典：比如徐干，汉末文学家、哲学家、诗人，"建安七子"之一。姓徐，名干，字伟长。《孔丛子》曰："非不伟其体干也。"名和字在一句话中出现，而且字对名作了补充解释。赵云，三国蜀国武将。姓赵，名云，字子龙。《周易》说："云从龙，风从虎。"名和字在一句话中，意思相顺。

（设计意图：按照学习金字塔理论，学生互教并快速使用两周后所保持的记忆为90%。所以这个环节安排给学生比教师灌输更有效率。）

环节三：为己取字，小组交流

锡博：我的字是宏溢。我的名字是多与广泛的意思，我的字与名意义相同。

思维：大家好，我取的字是宏祥。我希望能维持祥和。

宝瑞：大家好，我叫宝瑞，字而山。"而"在古汉语中有"如""像"的意思，希望自己能像一座大山一样。

才硕：大家好，我给自己取的字是懿婧。懿是女子美好的样子，婧是有才华，与我名字里的才硕相同。这也是我对自己的一个祝福。

涵泳：大家好，我叫涵泳，涵泳是读书的时候深入体会，我以前的书法老师给我起过一个字——得悟，与名字的意思相近。

鑫磊：我的名字是我妈妈起的。小时候身体不好，我妈妈希望我的身体棒棒的。后来我查了一下，鑫是很多钱的意思，磊是很多石头的意思。我的字是少衿。多少的少，衿是衣领的意思。衿还出自《诗经》："青青子衿，悠悠我心。"

佳茵：我的字是九如。取自《诗经·小雅·鹿天》："如山如阜，如冈如陵，如川之方至，以莫不增；……如月之恒，如日之升。如南山之寿，不骞不崩。如松柏之茂，无不尔或承。"皆祯祥之征。（鑫磊给"如"加了个偏旁，变成九茹，看起来比较柔和，因为顾及佳茵的性别。）

阿鑫：大家好，我的字是燮。燮是协和、协同的意思，出自《诗经》，燮燮是一个拟声词，是风吹动叶子的声音。

以欣：我的字是幼清，出自屈原《楚辞·招魂》："朕幼清以廉洁分，身服义尔未昧。"幼是年幼，符合我们现在的年龄段。清是表示廉洁的意思，希望在今后的日子中能够廉洁。

（设计意图：学以致用是学习的目的。从学生的参与度来看，学生非常认真，并完全掌握了名与字之间的关系，在为自己起字的过程中获得了知识与美。）

环节四：家长分享，名字由来

阿钰妈妈：阿钰在我肚子里的时候，我们就知道她是个女孩。所以当时就起了两个名字，一个是现在用的"钰"，意思是珍宝、宝物、坚硬的金属；另一个叫

"栩栩"。"栩"为生动传神之意,"棍"是一种乔木,作为母亲,我希望我的宝贝女儿,有坚韧豁达的性格,永远能守住自己的初心,不为名利所诱惑,做个幸福、善良的人。综合这两个名字,家人都觉得"钰"好听、好写,而且都视她为珍宝,寓意也很好,我也更喜欢"钰"这个字,阿钰这个名字由此而来。

(设计意图:加入家长分享环节,学生会从另一个角度了解母亲的心,也会对这节课更感兴趣。)

环节五:教师寄情,总结升华

今天家长、同学们的发言让我很感动。我爱你们的名和字!

"铭俊""昌生""天韵""少铭""江阁",你们的父母多么期望你们是一个出类拔萃的孩子。

"晓彤""一戈""羿帆""才硕""惠嘉""宝瑞",多少伟大的企盼在你们身上。

"楷皓""涵泳",说明儒家传统对仁德的向往。

"昌瀚""旭凯""振坤",显然你们的父母想把你们奉献给发展中的国家。

"晓佳""阿雪",蕴涵着一个个古老圆融的理想。

细细体味另一个人的名字,恭敬地省察自己的名字,或雅或俗,都自有它的意义和爱心倾注。如果我们能用细腻的领悟力去叫别人的名字,便能更好地互敬互爱,这世界也可以因此而更美好。

(设计意图:这个环节教师与学生在情感上产生共鸣,使课堂内容更加深入人心。)

教师反思:今天的这节课,每位同学都兴致勃勃地参与其中,亲自体验,聆听同伴讲解,是一堂比较成功的体验式班会课。

享受与孩子共同成长的快乐

一、班会背景

学校教育层面：发挥学校主导作用，引导家庭、社会增强育人责任意识，提高对学生道德发展、成长成人的重视程度和参与度，形成学校、家庭、社会协调一致的育人合力。

高中学生层面：本节班会课面向高一的同学，在期末考试之后召开，一是抓住高中第一学期期末这个时间点，借助全班期末成绩比较好形成的心理缓坡进行亲子教育；二是为即将到来的寒假进行动员。

二、班会目标

认知目标：家长与学生进一步了解彼此的优点和闪光点。

情感目标：融合亲子关系，家长与学生各自成为彼此生活和学习的助力者。

美育目标：感受本节课的亲情之美、表演之美与共同奋斗之美。

三、班会准备

学生排练课本剧。

四、班会流程

环节一：班会暖场，你追我逃小游戏

要求：

(1)左手掌心向下，轻轻置于左侧同伴的食指之上。

(2)举起右手食指，轻轻支撑起右侧同伴的左手。

(3)听到"三"这个字，请迅速抓住左侧同伴的食指，同时右手食指迅速逃离。

（设计意图：这节体验式班会课，学生、家长、老师共同参加。因为学生不认识家长，家长彼此之间也不认识，所以难免彼此生疏。为了迅速打开局面，所以运用此项心理拓展活动意在破冰。）

环节二：学生与家长相识

请学生与家长坐成内外两个圈，学生按照教师预设的语言与家长一对一握手并致辞相识。然后外圈不动，内圈顺时针旋转，所有的学生彼此认识一遍所有的家长，家长亦然。

学生：叔叔（阿姨）您好，我是×××。很高兴认识您。

家长：你好，我是××爸爸（妈妈）。很高兴认识你。

（设计意图：这个环节学生在内圈，家长在外圈，所用的都是成年人之间的社交礼仪。对学生来说，这是人际交往的一件新鲜事，印象会非常深刻。）

环节三：一起成长、平等尊重

教师引导：我们与孩子一起成长，一起成长代表着从人际关系层面，家长与学生亲子关系是平等的。既然关系平等，就应该互相尊重，可是在现实生活中往往亲尊子卑或者亲卑子尊。

亲子互动：

请内外圈的家长与孩子一对一坐好，在桌子上的卡片上面对面写下：

妈妈，你比我厉害，比如……；孩子，你比我厉害，比如……然后互相分享。

洲庆:妈妈,你比我厉害,比如你比我细心,做的饭很好吃,你还包容我很多过失。

洲庆妈妈:儿子,你比我厉害,比如你的高科技知识比妈妈懂得多得多。你的独立性特别强,很多事情亲力亲为,我觉得你非常棒!

(设计意图:此环节通过亲子赞美,让家长与孩子之间加深了解,为下一环节做铺垫。)

环节四:全面了解,关注精神成长

教师引导:既然是享受与孩子一起成长的快乐,那么成长的过程必然是快乐的。不快乐为什么要成长呢? 家长养育孩子必定希望他快乐,同时家长自己也快乐。因此无论是生命的成长,还是培养孩子成长的过程,愉快、欢乐是底色。家长除了关心孩子的吃喝拉撒睡外,还要关心孩子的精神成长。如何全面了解孩子,在我们的家校沟通回执里面,很多家长提出来希望分享孩子在学校的生活。下面我们就一起分享学生在学校生活的视频。

1. 分享学生的校园生活花絮视频《我想念》

2. 分享班歌《卓越谣》

作词：学生们原创

原曲：《追梦赤子心》

芳华时光易逝倏然催人易老

谈笑风生回首俯瞰年轻校园战场

奋笔疾书随一股热血溢满腔

一咏一觞谁共？抚平生书册！

谁言赤心一定痴心勇争向前

有的放矢适当定位愈渐锋芒浮现

灯火微醺满载精神财富而归

……

（设计意图：这个环节在于与家长一起分享学生的成长，让家长看到每个孩子在学校里最好的模样。）

环节五：享受成长，换位思考

1. 教育家李镇西先生的引领

每天和孩子有一席话、一段路、一盏灯

家庭是人生的第一所学校，家长是孩子的第一任老师。给孩子讲好"人生第一课"，帮助扣好人生第一粒扣子，家长责任重大。日前，当代著名教育家李镇西博士来青岛参加市教育局教育名家家庭教育讲座，围绕"父母是孩子最好的起跑线"这一主题，李镇西为家长们上了生动一课。

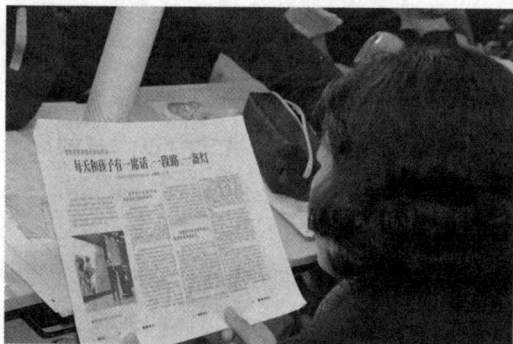

孩子是父母的折射

谈到家庭教育的弊端，已经有越来越多的人对一句曾经流行的话提出了质疑：不能让孩子输在起跑线上。在论坛的开始，李镇西便描绘了这样一种现象。"若我们对'起跑线'赋予新的内涵，这话便有了新的意义。我认为，孩子的'起跑线'不是他学习的第一个台阶，而是他最初的家庭教育，而家庭教育的主体则是其父母。因此，父母是孩子最好的'起跑线'。"

你想孩子成为怎样的人，你就先做那样的人。

做孩子人格的榜样。最好的教育莫过于感染，你想孩子成为怎样的人，你就先做那样的人。

做孩子的知心朋友。当孩子愿意和你说悄悄话时,你的教育就开始走向成功了。

和孩子一起阅读好书籍。李镇西说:"不一定是要与孩子读同一本书,而是应该和孩子同时保持阅读的兴趣和习惯。"

一起养成好习惯。"父母应该养成的好习惯很多,比如阅读、健身等,其实重要的不在于你写什么,而是用行动对孩子说:孩子,爸爸妈妈很在乎你,愿意陪着你成长。"(节选自《青岛日报》郭菁荔)

2.换位思考,理解尊重

学生表演自己编写的情景剧《瞧,这一家子!》。

编剧:秋雨　董硕

演员:

爸爸:阿毓　　　妈妈:铭俊　　　女儿:董硕

第一幕

【女儿在家玩手机,爸爸敲门】

女儿:谁啊? 等一下!【拖沓着去开门】

【开门,爸爸进入】

爸爸:怎么才给我开门? 你是不是又在那看什么乱七八糟的剧?【狠狠把包放到凳子上】整天就知道看看看,我就想不通了,你整天抱着个手机看剧追星,我看那一个个什么小鲜肉还没我年轻的时候帅! 到底有什么好看的?

女儿:【打断】爸,你干什么啊! 那是我的偶像! 偶像你懂不懂? 不懂就别瞎说!【玩着手机走开】

爸爸:你! 真是气死我了!【指着女儿】我整天在公司受气,回来还要受你的气! 这都什么跟什么啊……

阿翔爸爸:这个剧比较真实,把我们在生活里发生的事情表演了出来。这里面的爸爸很烦躁,爸爸在外面受气,回到家还要受孩子的气,这样的家庭不可能把孩子教育得很好。希望爸爸回到家克制自己的情绪,不要把情绪带给太太和孩子。

惠嘉妈妈：这个情景剧演绎了一个焦虑的家庭。家长非常焦虑，把情绪带到了家里，然后引起孩子的焦虑。家应该是一个温馨的港湾，是一个谈爱、倾诉感情的地方，而不是把外面的坏情绪带进来，让家庭充满负能量。如果我们改变自己的态度，那么家就是一个充满爱的地方。

瞧，这一家子！

第二幕

【爸爸敲门，女儿去开门】

女儿：爸爸你回来了！

爸爸：回来了。唉……

女儿：爸，你怎么了？

爸爸：今天在公司，有个员工搞砸了二家公司的合作，他已经被开除了。我作为他的领导，可能也要受牵连了。唉……要是被开除了，我接下来的职场路可怎么走啊……

女儿【搂着爸爸的胳膊】：哎呀，没事没事，你不是还有我这个贴心小棉袄嘛！我去厨房给你加个菜，好好犒劳你一下！

妈妈：快快快，难得你闺女这么积极。快好好想想吃什么？

女儿：不如就做我爸最爱吃的……

齐：炒蘑菇！

【一家人开心地笑起来】

教师点评：这是学生原创作品，反映了学生们心里的期待。家庭是我们的港湾，既然是港湾，家长在家庭里要控制自己的情绪，作为家庭成员，学生们要体谅我们的家长在外面很不容易，一家人要互相助力，拧成一条绳，共同面对外面的世界。

3.分享学生最不喜欢父母做的事情

①唠叨；②只看重自己的学习；③干涉自己的隐私；④不尊重自己。

4.寒假生活亲子互动

(1)学生制订寒假计划。

（2）家长与孩子共同修改寒假计划。

（3）寒假生活亲子互动。

孩子：爸爸（妈妈），寒假中我想做……我想与你们一起做……我希望你改变一点点的是……

家长：孩子，寒假中我支持你做……我们想与你一起做……我希望你改变一点点的是……

（4）分享互动。

嘉羽：爸爸，寒假中我想学雅思英语，我想与你们一起带着弟弟玩，你不需要改变什么。

嘉羽爸爸：孩子，寒假中我支持你学雅思英语的计划，我想每天与你早晨一起锻炼30分钟，希望你改变一点点的是提高点学习效率，把成绩赶上去。

（设计意图：这个环节的内容比较饱满，亲子互动多多，针对家庭里的不良沟通教师做了点播与引导，学生表演情景剧的方式让家长乐于接受自己在日常教育中的不足，可谓寓教于乐。）

教师反思：这节班会课上了两个小时，家长和学生从中感受到了很大的快乐，也对即将到来的假期一起作出了规划。

思维爸爸感悟：太棒了！同学们演得非常好！真实反映了家长和孩子的心理。

阿兴妈妈感悟：今天开这个会对我触动很大，孩子没考好，没有良性地引导他，在这里我给孩子道个歉。

阿皓妈妈感悟：老师真的很用心，尊重每一个独立的个体，让每一个孩子每一位家长尽量多地发言，让我很感动，我们的孩子能在这样的班级真的很幸福。

送你一颗闪亮的星

授课人：徐华峰老师。

一、班会背景

学校教育层面：学校运用积极心理学理论，基于优势视角进行教育，有利于发现学生的闪光点，打开学生发展可能性的大门。

高中学生层面：高一学年结束，在这一年中，学生有进步成长，有彷徨失落。期末时班主任召开一次总结班会，发现学生的闪光点，给每位同学送上一颗"闪亮的星"。随着"六选三"选科，高二时学生们会步入不同的班级，相信这份激励、这份师生情谊会一直伴随着他们。

二、班会目标

认知目标：赏识同伴，赏识自己，增强自信，砥砺前行。

情感目标：悦纳自己，每个人都是独一无二的存在，尊重他人。

美育目标：赞美身边同学的优秀品质，感受美，认知美，欣赏美。

三、班会准备

教师购买五角星，提前在每颗五角星上给每位同学写"赞美的话"；给每位同学写评语，打印，以备家长会上送给每位家长。

四、班会流程

环节一：班长回顾总结一年的精彩生活

"卓越阳光彩虹小白马"班的班长英哲同学，用精心准备的课件，把军训、游学、社会实践、学农、运动会、越野赛、飞花令的一幕幕，记录下来，分享给大家。

时间或许能冲刷一切，
但是＿＿＿＿＿＿＿＿＿＿

2019.7.13
卓越阳光彩虹小白马班

环节二：教师给每位同学送上一颗闪亮的星

　　班主任徐华峰老师给每位同学准备了一份期末礼——一颗闪亮的星，每颗星星上都有老师手写的、独一无二的一段话，作为嘉奖。徐老师在班会课上读出属于每位同学的一段话，并亲手将星星送到每位同学手中。

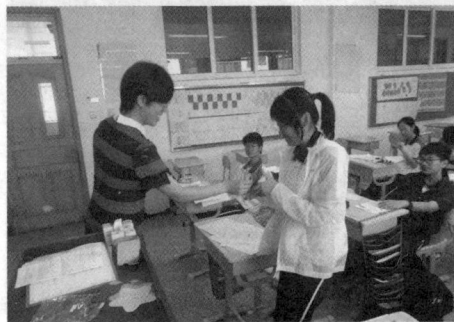

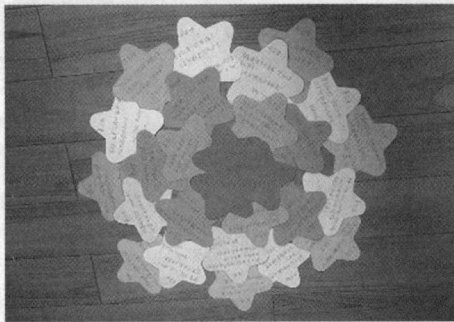

你是那颗最闪亮的星：

琪，自主之星，我的未来我做主！

旭，有情有义、有担当的男子汉！

铭，"全明星小组赛"总裁判，值得信赖！

萱，时间管理小能手，学习踏实。

帝，设计、绘画、写作……多才多艺，充满热情！

江，做事踏实稳重，领袖气质！

锋，卫生班长，尽职尽责，智慧化身，成绩优异！

倩，爱唱、爱笑的阳光女孩，事事充满热情。

雪，有能力、有智慧，很欣赏你！

子，儒将风范，智慧化身！

畅，一手漂亮的字，清秀、端庄，学习认真。

和，组织能力超强，热心班级事务，学习认真！

文，人气大王，超有人缘，这源于你的人格魅力！

乐，聪慧，严谨，认真，踏实！

轩，智慧小才女，优秀源于认真！

利，才思敏捷，学习得法，爱笑的阳光男孩。

磊,英语大王,天生的话剧演员,惟妙惟肖。

王,纪律班长,以人格魅力博得全班同学支持,

君,善于钻研,团结协作,卓越四班"小才女"!

星颐,你流利、纯正的英语演讲令全校师生惊叹,最美团支书。

睿康,聪慧认真,善于钻研,做事踏实!

哲,大班长,所有事都能有条不紊处理,卓越四班感谢你!

阁,靠谱的男子汉,专注做题的样子很迷人!

婧,干劲十足,稳扎稳打,勇于创新。

泳,创新达人,乒乓王子,动手能力超强。

小,才思敏捷,富有激情!

音,天籁,奋勇向前冲!

博,学习认真,态度端正。

嘉,单纯善良,乐于助人,有一颗奋进的心。

楚,"最靠谱"奖非你莫属,学习认真,善于思考!

茵,写作、绘画、设计无所不能,将学习班长的琐碎工作做得有条不紊。

俊,有魄力,爱挑战,你认真学习的样子真美。

钧,你是最先走出国门的,做最好的自己。

环节三:家校合作,携手共进

在随后的家长会上,徐老师送给每位家长一张小纸条,上面有学生的努力方向。不回避问题,家校合作,共同加长学生的短板。

每个人都有优势、有短板,找到自己的短板并努力把它加长,你就会飞得更高! 最重要的是保持一颗积极向上的心! 相信自己,你们都是那颗闪亮的星!

兄弟同心，其利断金

一、班会背景

学校教育层面：期中考试结束后，学校要求每个班级进行期中总结，并强调团结合作与互助精神的培养。

高中学生层面：期中成绩出来后，班级各方面比较稳定。后续除了继续稳定外，还需要学生之间互相帮助，尤其是互相讲题对学生的提升非常大。所以虽然本节班会课需要成绩分析，但是也需要引导学生团结起来，坐得住，互相问题、讲题。

二、班会目标

认知目标：了解优秀学生的学习经验及做题方法。

情感目标：增进集体中同伴互助的情谊，师生情谊。

美育目标：感受集体之美，引导学生增强集体荣誉感和对学校、班级的热爱。

三、班会准备

教师准备轻柔的音乐、学生运动会的照片。

四、班会流程

环节一：上半学期精彩片段回顾

（设计意图：这是班会课学生最喜欢的暖场环节，有助于下面的环节顺利开展。）

环节二：期中成绩分析及优秀学习经验分享

明阳同学分享语文学习经验及做题方法：

（1）语文考试中，应具有的最基本的能力便是阅读和概括信息。而面对逐渐快餐化的阅读大背景与已经被压缩得越来越少的语文时间现状，同学们提高阅读效率是很有必要的。那么在平日阅读文章时，要训练自己提取文章信息的能力，学会抓关键词句。比如作者的评价性语句，每一段的段首、段尾句等。那么如何检验自己是否真正提取到了有效信息呢？很简单，结束阅读时闭上眼重新回忆刚才阅读的内容，看看能否符合逻辑地大体复述出来，然后再去总结并提出自己的观点。注意在网上阅读时，切忌先看评论，也不要被作者的观点牵着走，独立思考很重要。在阅读文章时，我会刻意地去思考该文章如果成为高考题目，会如何考察。给自己出个题，简单练习并在练习的同时思考答题思路，答案的准确与否并不重要，重要的是可以站在出题人的角度体会出题人的出题思路。

（2）平日对答案时，不需要强求与答案完全一致，但要从答案里找规律。

（3）书写很重要，卷面整不整洁，主要看字整不整齐。这里我给一个建议，就是在答题的过程中，无论时间有多紧迫，写字一定不要连笔，不要旁逸斜出，因为这很影响阅卷人的心情。

（4）语文一般是第一门开考的学科，这就决定了它是用来热身的科目。而语文的第一道大题选择题又是极为考验阅读能力与信息提取能力的，除非有十足的信心，否则一定要冷静分析，这样才能提高准确率。

（5）作文时间最好不要少于 45 分钟。如果真的没时间了，个人建议舍小求大，作文比什么都重要。150 分钟做 150 分的题目，1 分/分钟，分时比要心中有数。

孜奕同学分享历史学习经验：

很荣幸能在各位同学面前分享我学习历史的经验，为此我总结了以下几点，希望能够有效地帮助到同学们。

（1）抓住课堂时间。在学习方面最老生常谈的问题就是课堂听讲了。我认为历史课上最需要听的不是书面上的史实性知识，这些知识的记忆与整理可以留到课后去做。所谓抓住课堂时间，我认为主要抓住的是史实与史实之间的联系与相互作用，这种联系相对于书本上的知识更需要被理解并记忆，在撰写历史论文时可以有效应用。

另外，课堂上还需要集中精力听老师讲解答题模板与答题技巧，毕竟在做历史大题的时候不仅仅需要充足的基础知识和筛选材料的能力，答题方法也是必不可少的。精确有效的答题方法远比死背书要重要得多。

（2）认真对待课后作业，我认为在写历史作业的时候不必太追求速度，适当放慢答题速度，不要为了完成作业而去完成作业。更重要的是在完成作业的同时查缺补漏，日后学习时适当地向自己的薄弱之处倾斜。可能对于一些同学来说，他们更重视理科，容易轻视文科作业，但学文科是一个不断积累的过程，可能做一两份作业没有什么成效，但贵在积累，坚持下去量变终究会引起质变的。

（3）答题时重点关注材料。在新高考模式下，我们仅仅重视基础知识是不够的，考试并不像课堂默写时那样死板。因此要培养自己阅读材料、筛选材料的能力。答题不要主观臆断，答案一定要符合材料的主旨，选择题的材料有很多是文言文，对于这种材料，能翻译通顺当然最好；如果过于晦涩，就重点关注时间、人物以及材料的来源，以此确定历史时期和背景。

学习的道路任重而道远，希望同学们咬紧牙关，持之以恒，创造属于自己的成功！

泽润同学分享生物学习经验：

很荣幸能跟各位同学分享我生物学习的经验，为此我总结了以下几点希望能够帮助到同学们。

（1）刷题以熟悉题型，培养题感。刷题，老生常谈，但能做到者终是寥寥无几。诚然，学校中老师布置的作业已然很多，能将其完美完成已是殊为不易，但时间总是挤出来的，当你总是在强调没有时间来做自己的题时，总有别人在省出时间刷题。

（2）巩固基础知识。刷题固然重要，但基础知识远比那些复杂题型更加重要。倘若基础知识不牢固，犹如"伐根以求木茂，塞源而欲流长者也"。在进行基础知识巩固时，不必一味追求速度，要以完全掌握为目的，更要不厌其烦地多次复习。生物虽为理科，然其文科气息很浓厚，考试的大多数知识点都源于基础知识，其余则是改编创新。

（3）认真读题，联想思考。以山东新高考生物试卷发展趋势来看，题目文本正呈现复杂化、加长化趋势。仅单选题题目文本就可达 6～7 行，近百字的文字量，十分考验应答者的耐心。故能将题目读进去，读懂者，虽未作答，已是先胜一筹。

（4）避免思维固化。生物虽为理科中的文科，但仍处在理科的大家庭之中，将学习文科时的思维带到理科当中，终是不可取的。

以上是我对生物学习的一点儿建议和方法，希望能帮助到各位同学，祝各位学习进步，生活幸福！

鹏飞同学分享政治学习方法：

上课听讲，课下完成作业。整理每一课的知识体系，并与整个单元、整本书形成联系。注重落实，整理热点问题，触类旁通，举一反三。养成认真审题的好习惯，寻找题眼，按点答题，减少无效作答，注意分条。重点留意易错易混点。关注时政热点，"逢五""逢十"大事件需重点留意。遇到问题回归课本。

（设计意图：1946 年美国学习专家爱德加·戴尔发现并提出"学习金字塔"理论。他用数字形象显示了学习者采用不同的学习方式，在两周以后的记忆率。这是一种现代学习方式的理论。

在塔尖，第一种学习方式——"听讲"，也就是老师在上面说，学生在下面听，这种我们最熟悉最常用的方式，学习效果却是最低的，两周以后学习的内容只能留下 5%。第二种，通过"阅读"方式学到的内容，可以保留 10%。第三种，用"声音、图片"的方式学习，可以达到 20%。第四种，"示范"，采用这种学习方式，可以记住 30%。第五种，"小组讨论"，可以记住 50% 的内容。第六种，"做中学"或"实际演练"，可以达到 75%。最后一种在金字塔基座位置的学习方式，是"教别人"或者"马上应用"，可以记住 90% 的学习内容。爱德加·戴尔提出，学习效果在 30% 以下的几种传统方式，都是个人学习或被动学习；而学习效果在 50% 以上的，都是团队学习、主动学习和参与式学习。本环节就运用了这一理论。）

环节三：倡导同学们互相帮助，互相讲题

心理拓展游戏：准备两个铁丝衣架，一个盛满十斤水的袋子。用两个铁丝衣架直接提盛满十斤水的袋子，衣架做不到。从教室现场找两本书，把两本书穿越衣架互相交叉，提起带着两本书的衣架，这个时候学生会发现，还是刚才的衣架，现在可以把十斤的水袋轻松提起来了。

学生泓烨感悟：今天班会上曹老师做了一个实验——晾衣架吊水，本来两个晾衣架无法吊起十斤重的水，但是当用两本书相靠包住晾衣架之后，这两个看似弱不禁风的晾衣架竟然吊起了十斤重的水，而且没有发生明显变形。这看似简单又深奥的物理现象映射到学习生活中，使我不免联想"兄弟齐心，其利断金"，在学习中如果团结协作，互相讲题，串联知识，不仅对方可以豁然开朗，而且自己也会更加熟练并且有新的体会，在知识应用方面更上一层楼。"懂"难度不大，但是要讲得清楚，讲得明白，让受众容易接受，其实是很难的，看似简单的过程暗含对知识储备和语言能力的磨炼。这种利人利己的黄金行为在高三应该培养并坚持下去，正所谓"他山之石，可以攻玉"。

（设计意图：在学习金字塔里，教师的说教两周以后可能在学生心目中只能存留5％，而在"做中学"却可以存留75％，这就是体验式班会的魅力。）

教师反思：教育是一门科学，教师面对学生要遵循科学规律。此次班会内在的逻辑就是遵循"学习金字塔"理论。这反映了德育也要讲科学的特点。

学生思彤感悟：这次的班会实验实在是耳目一新，我第一次见到这样演绎同学合作，团结一致，抱团成长的实验。老生常谈突然新鲜了起来，实在有趣。人与人之间的交往，不是孤立的，它有作用和效果，也会产生影响。

学生云昊感悟：我们在平日的积累，看似不起眼，但它给我们带来的力量是不可小觑的，就像这次班会课做的实验——两本合在一起的书，没有任何黏性，就承受住了十斤重的拉力；一张纸、一点知识的力量可能微不足道，但当我们不断积累，等达到一定程度时，它们整合起来所带来的力量就变得非常大。

一年风景君须记

一、班会背景

学校教育层面：2019年国务院印发的《国务院办公厅关于新时代推进普通高中育人方式改革的指导意见》指出，要坚持把立德树人融入思想道德教育、文化知识教育、社会实践教育各环节，帮助学生养成良好个人品德和社会公德。要结合实际制定德育工作实施方案，积极开展主题教育、仪式教育、实践教育等活动。

高中学生层面：高一一整年的班级教育即将结束，随着高二选课走班政策的实施，高一的班级建设也将画上句号。这一年中师生取得了很多成绩，也留下美好的回忆，适时总结，温故创新可以有利于师生更好地发展。

二、班会目标

认知目标：引导学生觉察一年以来，班级发展，师生之间的美好过往，讲述每个人印象深刻的故事。

情感目标：思想碰撞，培养学生对情感的觉察力以及情感力表达。

美育目标：引导学生将积极的心理体验画出来，并以此形成班级文件。

三、班会准备

教师准备卡纸、彩笔、彩纸、胶棒、剪刀。

四、班会流程

环节一：对班级一年好时光，进行年度总结

总结歌

学生很少迟到，尤其室外值日出勤好。

学生尊重教师，家庭弘扬传统重教育。

班级图书捐献，师生感受到家长爱心。

物资保障充足，班级之卫生得以保持。

学生互惠共赢,和谐团结不计较小事。

手机管控得当,班级总体不被其困扰。

关键时有担当,家长驻校讲座交流等。

师生坚持学习,乐于做榜样潜移默化。

2022—2023 学年,2022 级 5 班的同学们多次获得学校颁发的各类先进班集体奖。

(设计意图:这个环节是从学校角度对班级进行总体评价,让学生了解 2022 级 5 班建班一年取得的成绩,增强集体荣誉感。)

环节二：回顾期中后的班级活动

（1）心理剧《我们的故事》排练现场。

（2）师生一起参加学校大摇绳比赛。

（3）师生一起聆听企业家进校园讲座。

（4）师生参加 2023 年春季趣味运动会。

（5）师生表演课本剧《烛之武退秦师》。

(6)师生一起参加学校的班主任节。

(7)《"5.15"同心若金,攻错若石,相期不负平生》学习分享班会。

（8）排练并表演《雷雨》课本剧。

（9）"北斗诗社"朗诵会。

（10）师生一起开设《做自己学习的 CEO》班会。

（11）竞选团员。

（12）师生一起赴西安研学。

（13）同学们去"中泰信"进行社会实践。

中泰信大厦入驻企业·山东省青岛第十七中学

"职·探生涯"校企联合职业体验活动

流程方案

序号	1、企业名称	招聘岗位一	招聘岗位二	无门槛岗位一	无门槛岗位二	无门槛岗位三
1	青岛镇江企业管理咨询有限公司	总经理助理 每队2人				
2	青岛择通工程项目管理有限公司	人事经理助理2人/队		平面设计2人/队		
3	今宁教育	总经理助理1人/队	副班主任3	美术助教4	艺术课助教4人	学生安全助教4人
4	青岛华盛建设项目管理有限公司	总经理助理1人/队		总经理助理1人/队		
5	青岛今泰信实业有限公司	主任助理2人/队		运营助理2人/队		
6	青岛富路国际信息咨询服务有限公司	总经理助理2人/队（可网络基础 及对口语适应兴趣最佳）	搬运管理人助理2人/队（有口语基础 及对口语适应兴趣最佳）	市场部广利2人/队（有口语基础 及对口语适应兴趣最佳）		
7	青岛今新正工程项目管理有限公司	经理助理 2人/队	CAD制图 4人/队	运营助理2人/队		
8	青岛驰建工业有限公司	总经理助理1人/队		行政助理2人/队		
9	青岛利多电子设备有限公司	总经理助理2人/队		市场营销专员1人/队		

一、7月6日模拟招聘活动

时间：2023年7月6日（星期四）下午15:30

地点：青岛十七中厚德楼广场

人员：青岛十七中高一1—11班学生、中泰信大厦入驻企业、新闻媒体

流程：各班错时 1-4班 15:30-16:20 5-8班 16:10-16:40 9-11班 16:40-17:00

1.各班提前通知7月6日招聘会到场单位、岗位、招聘人数，下发简历

（14）师生每周召开一次注重审美的体验式班会。

（15）家长们纷纷走进同学们的课堂。

（16）同学们是班会、班级口号的主人。

（17）师生提前演练各种心理拓展活动。

（18）班级诞生了很多明星学生。

独当一面的班长泽宇。

才华与才干并存的敬芸。

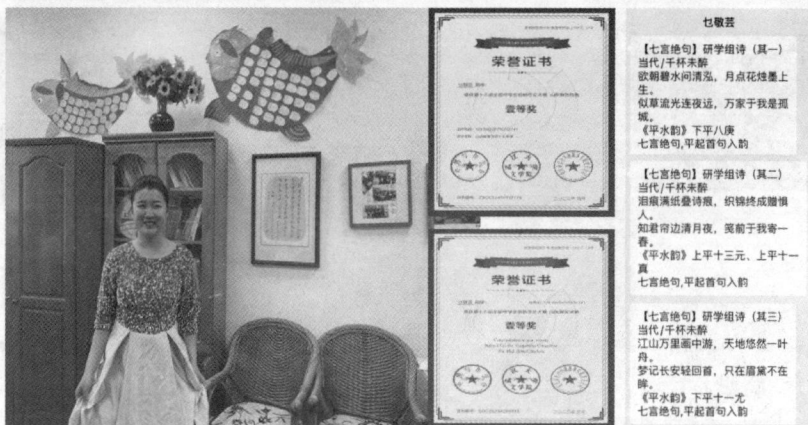

乜敬芸

【七言绝句】研学组诗（其一）
当代/千杯未醉
欲朝碧水闻清泓，月点花烛墨上生。
似草流光连夜话，万家于我是孤城。
《平水韵》下平八庚
七言绝句，平起首句入韵

【七言绝句】研学组诗（其二）
当代/千杯未醉
泪痕满纸诗瘦，织锦终成赠愧人。
知君窗边清月夜，笺邮于我寄一春。
《平水韵》上平十三元、上平十一真
七言绝句，平起首句入韵

【七言绝句】研学组诗（其三）
当代/千杯未醉
江山万里画中游，天地悠然一叶舟。
梦记长安轻回首，只在眉黛不在眸。
《平水韵》下平十一尤
七言绝句，平起首句入韵

以一人之力担当全班人气的阿捷。

研学 5 班的旗帜——睿君。

赠睿君 | 曹春梅

走到壶口瀑布
黄河水把你激荡成一个诗人
啊，一米九三的大个子
别人的才情是一句一句流淌
而你，怒涛喷薄
是黄河之水天上来
奔腾到海不复回
是龙泉鸣白壁
大雪满弓刀
我在月光下的黄河边默默祈祷
让时代的风把你裹挟回唐朝吧
大漠羌笛将给予你新鲜的疼痛和荣耀
嘹亮的诗行让高适、岑参
也匍匐在你的脚下

而现在
数理化踏着正步
碾压紫色的形象思维
你和篮球百米冲刺到绿茵赛场
怒发刺破金灿灿的晚霞
穿越无数手臂你向天空投出一
枚滚烫的太阳
篮筐谦虚地抱住了你的荷尔蒙
恰如一首诗吭唧唧向一个看向
你的灵魂
你囚禁了那个认出了你的人

一诺千金的精神领袖——浩成。

班级中还产生了很多工作可圈可点，学习认真努力的班干部：晓茹、炜钦……

（设计意图：这个环节是师生一起回顾在班级产生重大影响的班级活动和为班级作出突出贡献的先进个人。如果说学校评价是外界对班级的肯定，那么班级活动中同伴的感受则是学生发自内心对班级凝聚力的察觉。）

环节三：欣赏一段音乐，用冥想的方式回忆一年以来，在班级中自己印象最深刻的画面，讲述相关故事，并用画笔画出来

丁瑞：我印象最深刻的事就是研学的时候，我们坐在后排的同学们一起唱《星辰大海》这首歌，歌声悠扬，令人感到十分浪漫和美好。

敬芸：这是我的邻座浩成同学，在他没搬家以前，我们每天一起坐 302 路车上学、放学。有一天走过一个路口，我冒冒失失地没看路就往前冲，结果闯了红灯，差一点撞上一辆汽车，是浩成及时拉住了我。现在他搬家了，我祝福他越来越进步，取得更优异的成绩。

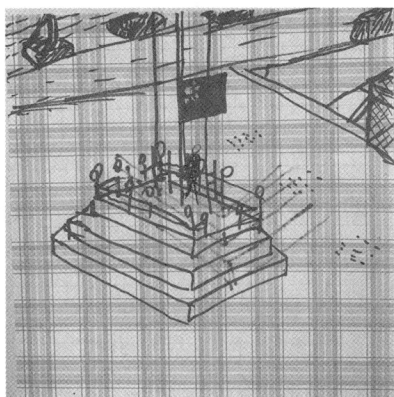

堃堃：2022 年 12 月，有一天晚上七八点钟，我见国旗没有降下来，主动跑过去降下国旗，并把旗帜送到传达室。传达室的保安很感动，第二天早晨赶紧告诉班主任，学校评我为"校级美德少年"。

昊昊：我印象最深刻的就是同学们一起打篮球，每天阳光运动一小时，十分开心，打球的同学也凝结了深厚的情谊。虽然我们这一届同学因为特殊情况没开秋季运动会，但是大家的身体并没有受到太大的影响，因为我们都很热爱运动。

阿迪：我是化学课代表，我特别喜欢化学老师，晚自习问老师不会的题，他会很耐心地给我们解答，有时候一讲就是一节课。

（设计意图：这个环节并不对学生的美术功底做出要求，只要把画画明白了，让人能看懂就可以。用绘图的形式而不是用语言，旨在让学生可以用多种方式，特别是图文并茂的方式表达，落到纸上也会形成宝贵的班级文件。）

环节四：见证班级故事

曹老师：君秀，你聆听了同学们绘图出来的这些故事，你的心理感受是什么呢？哪个故事让你印象最深刻？

君秀：我感受到，咱们班同学之间相处得很融洽，都能玩到一起。我印象很深的一幅画是七八个男同学一起打篮球，因为画得很生动，也因为我平时经常看到咱们班的男同学打篮球这一场景，心里觉得很熟悉。他们中很多人都描绘了打球这件事，看得出这个场景给他们的印象非常深刻，对他们的影响很大。

曹老师：你观察到班级里有很多男孩子都描绘了在球场上的样子，这是同学们共同看重的事情吗？

君秀：是。我想他们一群人在一起运动很快乐，志同道合，侧面体现出来咱们班同学之间相处得很融洽，男生们的关系尤其好。

曹老师：玺彤同学，你对同学们的绘图印象最深刻的是哪一幅？

玺彤：印象深刻的是丁瑞同学的这幅画。因为当时丁瑞唱歌的时候，我们也在唱，唱的可能不止《星辰大海》这一首。研学的时候，这就是一个特别美好的回忆，我们感受到青春的气息，非常肆意、非常洒脱。

曹老师：青春、美好、肆意洒脱的回忆让你印象深刻，尤其师生一起唱歌这件事很浪漫，这是你喜欢的班级形象？

玺彤：是，那个时刻的班级团结和谐又充满艺术性。我觉得团结和谐很重要，如果班级不团结不和谐的话，它也不会是一个好集体。

曹老师：由此你觉得我们班同学看重什么？在意什么呢？

玺彤：我们班比较看重团结。一个人唱歌也唱不起来，肯定是很多人一起都有唱歌的想法，才能唱起来。当时大家很开心，心思一致，而且感情融洽的氛围到了，像小说情节描绘的那样，打开手电筒，好朋友围一圈，我们自己是氛围中的一部分，我们享受气氛又创造了气氛。一开始副班主任阿琦老师不唱，然后我们善意地起哄，我们唱完以后她才唱，后来跟我们一起唱。

曹老师：这真是美好的回忆，令人难忘。师生都从繁重的学业中解放出来，唱歌，感受音乐，音乐本身还有共情的力量。

君秀：其实我认为这个回忆像曹老师以前说的那样，打动我们的是对美的追求，我觉得让我们心灵中念念不忘的是对美的追求和表达。

（设计意图：班会中仅仅分享故事是不够的，同龄人的见证、互动环节可以深刻地挖掘出故事的意义，总结经验，从而让主题班会走向纵深，学生也能在互证环节中提高认知，深化思维，从而将班会主题进行升华。）

环节五：教师总结并升华班会主题

今晚将在这里说再见

曹春梅

今晚将在这里说再见

不再往前走,也不必回头

整片森林已经开始有些树变成栋梁的模样

有些花儿含苞欲放

大多数和我一样

现在仍在默默努力,扎牢根基

旺盛的生命既不懈怠,也有

晶莹的露珠滚动在每一个圆润润的叶片上

太多美好会把记忆压弯了腰

那么,让我们从心灵深处拿出个小盒子

封存这段独属于我们的甜蜜过往

你们是独一无二的那一个呀

未来大厦立于昨日的肩膀上

我默默地默默地凝望着你们

愿明朗的笑总是点亮年轻的眼神

愿你们像激流,一路明媚

奔向无数的,无数

诗与远方

（设计意图：因为时间有限,班主任总结就以诗歌的形式简洁凝练地点到即止,同时传递老师对学生的美好祝福。）

教师总结：这是一节形式新颖、充满感性因素、笑声和掌声不断的班会课,学生很喜欢,过了很长时间仍有学生提起,可见这节课在学生心目中的分量。这节课安排在高一最后一次晚自习,用了 90 分钟完成。课前我给每个学生买了一个大桃子,搭配酸奶饮料,上完这节课后,全年级的师生就会因为选课重新分配班级,所以这节课除了年度总结外,还带有告别的意味。我特意选了形式上并不那么严肃的一种方式,为的是在高一最后一节班会课上,师生都能很好地释放自己的情感,分享美好的回忆,同时又避免依依惜别带来的伤感。从效果上来看,学生们因为这节课度过了一个美好的夜晚,班级画上了一个比较圆满的句号。为什么要加上"比较"二字呢? 因为有部分学生不上晚自习,所以班会少了十几个人,尤其几个富有人格魅力,曾为班级作出突出贡献的学生没在,这是此堂课无法弥补的遗憾。总的来说,学生们在老师的引导下,从环节三开始,步入体验—叙事班会的核心环节,尤其是君秀和玺彤的见证,升华了故事的意义,深化了主题,将美好回忆与教师长期以来在教育上坚持的对美的追求主动融合在一起,这种学生的课堂生成实现了本节课的教学目标。